SIMPLE BALANCE

Contents

vol. 74

SIMPLE
BALANCE

유명 디자이너의 옷을 입고 잘 차려입은 사람을 아름답다고 생각했던 시절이 있다. 여전히 옷도 신발도 중요하지만 기준이 조금 변한 게 있다면, 물건이 아닌 '내'가 주체가 된다는 것이다. '이게 나한테 어울리나?' 내 이야기에 귀를 기울이고, 시대의 흐름에 무작정 휩쓸리지 않으며 '진짜' 나를 본다. 겉과 안을 조화롭게 균형을 이루는 것이야말로 아름다움이 아닌가 하면서 말이다. 우리가 만난 사람들은 저마다 다르지만 공통점이 있다. 무언가를 많이 좋아한다. 그리고 내가 좋아하는 것에 대해 확신한다. 지금의 내 상태를 잘 알고 있으며 어떻게 하면 더 나아질지 고민하며 그 방향으로 몸을 움직인다. 쉬어가기도 하고 달리기도 하면서. 그리하여 '아름다움을 위해 우리는 무얼 하고 있지?'라는 주제로 시작된 이번 호는 아름다움의 재정의로 마무리되었다. 내면과 외면의 조화로움, 바로 '균형'에 대한 이야기다.

편집장 **김이경**

Simple Balance Question

조화를 이루는 것들은 얼마나 아름다운가.

Photographer **Ian Howorth**   에디터 이주연

포터블롤리팝·포터블로프트 대표 호야·오상

We Like What
We Like Best

좋아하는 것을 좋아합니다

사랑한다는 말보다 좋아한다는 말이 더 힘이 센 것처럼 느껴질 때가 있다. 사랑이 깊고 간절한 거라면, 좋아하는 건 가볍고 넓은 것 같다는 생각도 든다. 어떤 말보다 귀엽고 사랑스러워서 두 번쯤 반복해도 지나쳐 보이지 않는 말. 가끔은 사랑한다고 한 번을 속삭이기보다 좋아한다고 오래도록 이야기하고 싶어진다. 오늘, 양재동에서 그 기분을 진하게 느꼈다.

에디터 **이주연** 포토그래퍼 **Hae Ran**

왜 이렇게 많은 걸 하냐고요? 저희는 돈을 많이 벌고 싶어서 일을 벌이는 건 아니에요. 좋아하는 걸 계속 좋아하기 위해 하는 일들이죠.

성공이냐 실패냐는 그리 중요하지 않아요.
진짜 중요한 건 일단 '한다'는 거거든요.

우리 둘이 만나면
늘 뽀뽀만 했어

볕이 좋은 한낮, 양재동에 도착해 이국의 향기가 물씬 풍기는 하얀 가게 앞에 선다. 들어가려는데 출입문은 잠겼고 창문만 활짝 열려 있다. 가만 보니 창문을 두고 안팎으로 둘러앉는 독특한 구조다. 하릴없이 바깥 의자에 걸터앉아 내부에서 흘러나오는 음악을 듣는데 스쿠터 소리가 점점 가까워 온다. 빨간 스쿠터에서 남녀 한 쌍이 헬멧을 벗으며 음료를 드시러 왔냐고 묻는다.

안녕하세요(웃음). 인터뷰로 찾아왔어요.
오상: 아! 벌써 시간이 이렇게 됐네요. 장 봐서 돌아오는 길이에요. 만나서 반가워요. 저는 오상, 이쪽은 호야라고 해요.

반가워요. 별명을 이름처럼 사용하나 봐요.
오상: 별다른 뜻이 있는 건 아니고 둘 다 이름에서 따온 거예요. 저는 학창 시절부터 친구들이 제 이름 오상준의 앞 자 두 개를 따서 '오상'이라고 불렀거든요.
호야: 제 이름은 곽선호인데, 부모님이 경상도 분이시라 이름에서 뒷글자를 따서 사투리로 호야, 호야, 하다 보니 '호야'가 되었어요. 지금은 누구에게나 자연스럽게 오상, 호야로 불리고 있어서 이젠 별명이 본명 같아요. 저, 그런데 오상

옷 좀 갈아 입혀도 될까요? 반팔을 입고 나와서 부랴부랴 옷가지를 좀 챙겨왔거든요.

얼마든지요.
호야: 검은 맨투맨 입을래, 체크무늬 남방 입을래?
오상: 남방. 모자도 쓸래.

신발과 양말까지 완벽하네요. 워낙 많은 일을 하고 있어서 어떤 이야기로 시작해야 할지 모르겠어요(웃음).
호야: 정리도 할 겸 저희 공간부터 둘러보실래요? 전부 걸어서 5분 거리에 있어요. 포터블로프트, 포터블롤리팝, 포터블게라지, 포터블워크룸, 집 순서로 둘러보고 다시 포터블로프트로 돌아올까요?

(3시간 후)

지금까지 쉬지 않고 대화한 것 같은데 인제 시작이네요(웃음). 두 분의 첫 만남 이야기부터 들어보고 싶어요.
호야: 벌써 옛날 일이네요. 둘이 밴드를 했거든요. 처음부터 같이 한 건 아니었고, 원래는 둘이 각각 다른 밴드를 하고 있었어요. 저는 회사에 다니면서 취미처럼 한 거였는데 저희 밴드 멤버들이 오상과 친구여서 합주실을 같이 쓰면서 알게 됐어요.
오상: 그땐 인사만 나누던 사이였어요. 밴드가 흩어지면서 몇 년 동안은 연락할 일도 없었죠. 그러다 2000년도 초반에 다시 만나게 됐는데요. 제가 홍대 놀이터 플리마켓에 셀러로 참여해서 앨범을 판매한 적이 있거든요. 그때 관계자가 음악을 듣곤 지금 바로 공연할 수 있겠냐고 묻더라고요. 부랴부랴 함께 연주할 사람을 찾는데 문득 호야가 떠올랐어요. 일종의 영입이었죠(웃음). 그날 공연을 시작으로 다른 멤버들과 함께 밴드를 하다가 나중엔 둘이서 쭉 듀오로 활동했어요. 그렇다고 전문적으로 음악을 한 건 아니었어요. 그도 그럴

포터블로프트
A. 서울 서초구 마방로4길 15-48
H. instagram.com/portableloft_official
O. 월-토요일 12:00-22:00, 일요일 휴무

것이 누구도 음악이나 악기를 제대로 배워본 적이 없거든요. 앨범을 내긴 했지만 노래방 앰프를 주워다가 컴퓨터에 연결해서 어찌어찌 녹음하고 발매한 거였죠. 공연을 하면서도 관객들에게 "우리가 어떻게 여기에 있는지 모르겠다."면서 무대에 오르곤 했어요. 재밌는 시절이었죠.

음악이 궁금했는데 음원 사이트에 없더라고요.
오상: 당연하죠(웃음). 둘이 같이 일렉기타를 연주하고 호야가 노래를 부르는 밴드였는데, 이름은 포터블롤리팝이었어요. 제가 만든 노래 제목에서 따온 거였죠. 휴대용 녹음기, 휴대용 턴테이블, 휴대용 카세트 같은 휴대용 기계들을 좋아해서 포터블Portable이란 단어를 사용해서 '포터블롤리팝'이란 노래를 만들었거든요. 1집도 휴대용 녹음기로 녹음했는데, 제 발소리나 빗소리 같은 걸 소스로 활용해서 만든 앨범이었어요.

좋아하는 걸 함께하면 좋아하는 감정도 생기나 봐요. 마음을 확인한 순간은 언제였어요?
호야: 저희는 음악도 좋아했고 공연하는 것도 좋아했지만 공연을 마치고 술 마시는 시간을 정말 좋아했어요. 술 마시려고 음악을 한 것도 같고요(웃음). 언젠가 공연을 거하게 망치고 친구네서 술을 마신 적이 있는데 추적추적 비가 내리더라고요. 그때 오상이랑 옥상에 올라갔는데….
오상: 어쩌다 뽀뽀를 했어요.
호야: 왜 그랬을까요(웃음)? 그날 에피소드로 '뽀뽀만 했어'라는 노래를 만들기도 했어요. 이런 노래죠. "우리 둘이 만나면 늘 뽀뽀만 했어 하늘에 구름이 떴어 바람도 불었어 하늘에 별이 빛났어"

노래가 더욱 궁금해져요(웃음). 언제부터 서로에게 호감을 느꼈어요?
오상: 사실 그 이전엔 둘 다 밴드 멤버 이상의 감정은 없었어요. 그래서 옥상에서의 일이 좀 묘했죠. 멤버끼리 연애하지 말잔 얘기를 했어서 한동안은 멤버들 눈을 피해 몰래 만났어요. 근데 분위기라는 게 있으니까 아마 다들 알았을 거예요.
호야: 둘 다 특별한 마음이 없었기 때문에 결혼해서 이렇게 잘 살고 있는 게 신기해요. 저는 밴드를 하면서 VMD로 일했는데 야근이 일상이었어요. 밤늦게 끝나고 한잔하고 싶을 때면 오상네로 퇴근하곤 했는데요. 엄마한테는 철야네, 출장이네, 하면서 안 들어가니까 "그럴 거면 그냥 결혼해라." 하시더라고요. 엄마 눈을 어떻게 속이겠어요(웃음). 2년의 연애를 끝으로 결혼식 날짜를 잡고 식을 올리기 두 달 전에 포터블롤리팝을 열었어요. 오상이 '결혼하면 우리 걸 만들자.'고 했거든요. 그렇게 지낸 지 벌써 13년이 되었네요.

오래 함께해서 그런지 두 분의 분위기나 라이프스타일이 무척 닮아 보여요.
호야: 라이프스타일은 제가 오상을 자연스럽게 따라간 편이에요. 자유로운 걸 좋아하긴 했지만 제 삶이 자유로운 건 아니었거든요. 저는 대학을 졸업하면 전공을 살려 회사에 가는 게 당연하다고 생각했어요. 그 외 선택지는 생각해 본 적도 없었죠. 그렇게 입사해서 바쁘게 일하고, 퇴근하면 보통의 회사원처럼 번화가에서 친구를 만나거나 술을 마시면서 평범하게 지냈어요. 근데 오상이랑 밴드를 하면서부터는 대중교통 대신 오토바이를 타고, 술집 바깥에서 자유롭게 술을 마시기 시작했어요. 합주가 끝나면 돗자리랑 포터블 턴테이블을 들고 공원으로 가는 게 일상이었죠. 요 앞 양재시민의숲에서 오상이 선곡하는 음악을 들으면서 맥주를 참 많이도 마셨어요. 처음 같이 공원에 갔던 날 오상이 틀어준 음악이 아직도 생각나요. 산울림 LP(웃음).

달라진 생활 방식이 낯설진 않았어요?
호야: 아뇨. 오히려 '이렇게 살아도 되는구나.' 싶었어요. 마음 흐르는 대로 사는 건 대학생 때나 할 수 있는 일이라고 생각했는데 캠퍼스 라이프가 끝나고도 이렇게 자유로울 수 있다니! 오상을 따라다니는 게 너무 즐겁더라고요.

켜켜이 모인
살림과 재주

두 분의 공간을 둘러보는 데 무려 3시간이나 걸렸어요. 살살이 살피려면 하루로는 부족할 것 같아요.

호야: 뭐가 좀 많죠? 저희 부부는 양재동에서 이것저것 다양한 일을 벌이고 있어요. 첫 가게는 밴드 이름과 같은 포터블롤리팝이에요. 저희 부부와 히스토리를 함께해 온 소품숍이죠. 처음엔 개포동에서 시작했는데 얼마 안 있다가 살고 있는 양재동으로 옮기게 됐고, 지금까지 쭉 같은 자리에서 해오고 있어요. 사입한 옷이나 저희가 만든 패션 소품, 인형, 엽서, 노트, 나무 소품, 함께 고른 책 등 잡다한 물건으로 가득한 곳이죠.

다양한 물건으로 빼곡하지만 분위기가 비슷하단 게 인상 깊어요.

호야: 전체적으로 빈티지스럽죠? 저는 빈티지스러운 패턴이나 색감을 좋아하거든요. 점잖고 고풍스러운 빈티지보다는 화려하고 눈에 띄는 스타일이죠. 전부터 그런 걸 좋아하긴 했지만 스타일이 정리된 건 포터블롤리팝을 하면서부터인 것 같아요. 오상을 만났을 때만 해도….

오상: 너무 이상했어요(웃음). 짧은 머리에 베이비펌을 해서 머리가 완전히 동그랬거든요. 거기에 아디다스 추리닝 차림이었죠. 그땐 약간 경계하기도 했어요. 사실 지금도 우리 스타일은 되게 촌스러워요. 그래도 이렇게 꾸밈없이 다니는 걸 귀여워해 주시는 분들이 있는데 그런 분들이 포터블롤리팝도 좋아해 주는 것 같아요.

요즘 유행하는 뉴트로 감성이랑은 좀 다른 것 같아요.

오상: 완전히 다르죠. 저희는 옷을 진짜 찢어질 때까지 입거든요. 구멍이 날 때까지 버리지도 않아요. 옷이든 물건이든

둘 다 버리는 걸 잘 못 하는 성격이라 물건에 파묻혀 살고 있죠. 심지어 저는 아직도 폴더폰을 쓰는데요. 얼마 전까지만 해도 번호가 017이었는데 더는 쓸 수 없다고 해서 이제야 010으로 바꾸었어요.

호야: 오상은 좀 무심한 편이에요. 특히 옷이 그런데, 연애할 때는 오상의 모든 차림이 멋있어 보였어요. 다 늘어난 티셔츠에 고무신을 신고 오토바이를 탄 남자가 회사 앞에서 기다리고 있는 것도 좋았으니 우리가 연애를 하긴 했구나 싶네요(웃음). 반대로 저는 옷에 엄청 신경 쓰는 타입이에요. 원래도 좋아했지만 옷을 판매하는 일을 하니까 관심을 가질 수밖에 없어요. 옷을 사입할 땐 과한 패턴과 화려한 색감을 좋아하는 제 취향과 손님들이 좋아할 법한 스타일을 두루 고려하는데요. 이젠 어느 정도 절충되면서 포터블롤리팝의 스타일이 만들어진 것 같아요. 한 단어로 정리하긴 어렵지만 저뿐만 아니라 친구나 손님들도 어떤 옷을 보고 "이건 완전 포터블롤리팝이네!"라고 할 정도의 분위기가 생겼죠.

가게 이름에도 빈티지한 분위기가 있어요. '포터블'이란 단어가 주는 느낌도 그렇고요.

오상: 저희가 하고 있는 가게들은 다 '포터블'로 시작해요. 포터블롤리팝을 시작으로 양재동에서 여러 공간을 열고 닫으면서 지내고 있거든요. 하고 싶은 게 생기면 공간을 빌렸고, 반대로 빌릴 만한 공간이 보이면 하고 싶은 걸 찾아서 하기도 했어요. 옷과 소품을 파는 포터블롤리팝과 포터블게라지, 술집 포터블로프트, 작업실 포터블워크룸, 전시를 기획하거나 대여했던 포터블스페이스, 포터블게스트하우스…. 따로 직원을 두지 않고 전부 저희 둘이 만들고 운영한 곳이에요.

포터블롤리팝
A. 서울 서초구 언남5길 1
H. portablelollipop.com
O. 월-토요일 11:00-22:00, 일요일 휴무

왜 이렇게….

오상: 많은 걸 하냐고요(웃음)? 살면서 그런 질문은 정말 많이 받았어요. 저희는 돈을 많이 벌고 싶어서 일을 벌이는 건 아니에요. 관심 있는 것들에서 멀어지지 않고 좋아하는 걸 계속 좋아하기 위해 하는 일들이죠. 분야에 제한도 두지 않고요.

이 많은 일에서 공통점을 찾자면 대개 손작업이란 점 같아요.

호야: 전문적으로 하는 건 아니어서 그렇다고 하긴 민망하지만 이것저것 많이 만들고는 있어요. 제 전공은 의상디자인인데 사실 옷은 잘 못 만들어요(웃음). 대신 앞치마나 토시, 가방, 파우치 같은 소품 만드는 걸 좋아해요. 정확히는 디자인보다도 원단을 좋아하죠. 마음에 드는 원단으로 제 물건들을

죠. 산책 중에 공원 앞을 지나가다가 층층이 쌓인 채 버려진 나무 팔레트를 보게 됐는데요. 어디에 쓰는 건지는 몰라도 뭔가 만들어보고 싶더라고요. 작은 나무 팔레트를 몇 개 줍고 무작정 철물점에 가서 망치랑 못을 사서는 요령도 없이 일단 다 부쉈어요. 뭘 만들까 하다가 의자라면 할 수 있을 것 같아 시도했는데 생각보다 금세 만들어지더라고요. '어, 되네?' 싶은 마음에 이것저것 만들면서 여기까지 오게 됐어요.

잠깐만…. 목공을 배운 적도 없이 가게 공사를 직접 하셨다고요?

오상: 의자를 만들고 나무로 뭔가를 좀더 해보고 싶어서 동네 목공소에서 기본기를 배운 적은 있어요. 톱질하는 법, 드

직접 만들다 보니 포터블롤리팝에서 판매도 하게 됐어요. 일일이 손으로 만드는 거라 같은 제품이어도 모양이 조금씩 다른데 저는 그런 게 좋더라고요. 손재주는 저보다도 오상이 좋아요. 감각적이기도 하고 뭐든 꾸준하거든요. 쌓여 있는 그림일기만 해도…. (어깨를 으쓱한다.)

오상: 호야는 디자인을 배우기라도 했지만 저는 전문적으로 배운 게 하나도 없어요. 하고 있는 모든 일이 그래요. 그림도 그리고, 글도 쓰고, 잡지도 만들고, 목공도 하지만 제대로 배워서 하는 건 아니거든요. 특히 목공은 작업실도 있고, 가구나 소품도 만들고, 가게 공사도 직접 하고, 인테리어까지 하는데도 전문적이라고 할 순 없어요. 시작도 아주 우연했

릴 다루는 법, 길이 재는 법 같은 기초 내용을 익혔죠. 근데 저는 전문적으로 배우고 적용하고 만들어나가는 성격은 못 되나 봐요. 기본기를 익히고 다음으로 넘어갈 즈음 이제 그만 해도 될 것 같다는 생각이 들더라고요. 딱 세 달 배웠는데, 더 배우게 되면 나무에 대한 관심이 사그라질 것 같았어요. 그때부터 필요한 건 거의 만들어서 사용하고 있어요. 작은 명함꽂이부터 선반, 테이블, 의자, 창틀, 소파, 침대까지 크고 작은 것들을 수없이 만들어왔죠. 저는 어떤 분야든 더 잘하기 위해 전문적으로 배우기보다는 정해진 과정이나 방법 없이, 하고 싶은 대로 하는 게 좋아요. 그래서 전문가들에겐 좀 미안한 마음도 있어요. 제가 평균을 깎아 먹는 것 같아서요(웃음).

마치 모든 분야에서 예술을 하는 것 같아요.

오상: 과찬이에요. 어떻게 보면 대책이 없다고 느낄 수도 있는걸요. 지금 포터블로프트에선 핸드드립도 하고 있는데, 이것도 그래요. 사실 저흰 연애하면서 한 번도 카페에 가본 적이 없거든요. 커피엔 흥미가 전혀 없었죠. 그러다 바리스타 친구를 사귀면서 핸드드립에 대해 알게 됐고 직접 내려 마시다 보니까 장사를 해보고 싶더라고요. 그렇게 시작한 일이어서 처음엔 손님들에게 커피를 제대로 내려 드리지도 못했어요. 커피잔을 내미는데 좀 머쓱하더라고요. 저희 성격이 이래요. 나름대로 준비는 하지만 그게 전문적인 방식은 아닌 것 같아요. 좋아하는 걸 일단은 시작하고 망신당하면서 성장하는 타입이죠.

니란 걸 알게 되면서 좋아하는 일을 꾸준히 하는 게 중요하다는 생각을 하게 됐어요. 가끔은 좋아하는 걸 하는 데 자부심이 생기기도 하고요.

여기 장사가 정말 잘되네요. 대화 중에도 테이블이 계속 차고 있어요.

오상: 저희도 예상치 못한 일이에요. 포터블로프트는 사실 처음부터 술집을 생각하고 만든 공간은 아니었어요. 여기 자리를 잡은 것도 연달아 생긴 우연 덕분이었죠. 동네를 산책하다가 비어 있는 자리를 보았는데 외관이 세 개의 면으로 이루어진 게 인상 깊더라고요. 근데 같은 날 서점에서 책을

호야: 저는 뭔가를 전문적으로 준비했어도 1–2년 만에 그만두는 사람들을 참 많이 봤어요. 그래서인지 깊게 배우고 흐지부지 사라지느니 어설프더라도 오래하는 게 훨씬 좋아 보이더라고요. 시행착오를 거치다 보면 결국 경험이 쌓여 실력이 나아진다는 걸 몸소 경험해서인지, 전문적으로 하는 것보단 오래하는 데 관심이 있어요. 인테리어도 그래요. 저희가 인테리어를 한다고 홍보한 게 아니라 포터블롤리팝을 공사할 때 철거부터 시공, 인테리어 과정을 블로그에 올렸는데 그걸 보고 사람들이 의뢰해 온 거거든요. 오상이 나무를 주워 의자를 만든 게 시작이었는데 어느새 다른 사람의 공간까지 저희가 만들고 있는 거예요. 전문적인 배움이 전부가 아

보다가 똑같은 형태의 일본 가게 사진을 보게 됐어요. 공간의 형태가 머릿속에 남았는지, 그날 밤엔 이 공간이 나오는 꿈까지 꿨어요. 깨자마자 호야한테 "우리 거기 계약하자." 그랬죠. 바로 실행에 옮겨 철거부터 시공, 인테리어까지 모든 공사를 우리 힘으로 완성했어요.

호야: 공사할 때만 해도 사무 작업도 하고 지인들이랑 맛있는 것도 해 먹고, 어쩌다 손님이 오면 대접하는 정도의 공간을 상상했기 때문에 이렇게 장사가 잘되는 게 좀 신기해요. 애초에 집의 확장판처럼 생각하고 만든 공간이어서인지 손님들이 저희 집에 놀러 온 친구 같다는 느낌도 있어요. 손님이 대부분 양재동 주민이란 점에서도 심적으로 가까운 느낌이고요.

사람이 많아도 편안한 이유가 그래서였나 봐요. 내어주신 맥주도 정말 맛있었고요(웃음).

오상: 그거 맛있죠? 헤이 허니라는 우리나라 수제 맥주예요. 남양주에 있는 핸드앤몰트Hand&Malt 양조장에서 천안 쌀과 이천 꿀을 사용해 만든 맥주죠. 비교적 호불호가 덜한 페일 에일인 데다가 달콤해서 부담 없이 마시기에 좋아요. 정작 손님들은 많이 찾지 않아서 아쉽지만요. 수제 맥주를 팔게 된 것도 온전히 저희 욕구 때문이었어요. 그때만 해도 술집에 수제 맥주가 많지 않을 때라 자주 마실 수가 없었거든요. 이걸 매일 먹으려면 어떻게 해야 할까 생각해 봤는데 답은 간단했어요. 저희가 팔면 되겠더라고요.

두 분 이야기는 들을수록 대단해요. 좋아하는 일을 시작하는 것도 쉽지 않지만 13년씩이나 하는 건 더욱 쉽지 않아 보여요.

호야: 하다 보니 벌써 이렇게나 됐는데, 비결이랄 건 없지만 저희는 일단 가게 나오는 걸 좋아해요. 일어나서 물 마시러 부엌에 가는 것처럼 모든 가게를 집이라고 생각하면서 드나들거든요.

오상: 양재동 여기저기에 집이 쪼개져 있는 느낌이에요. 포터블롤리팝, 포터블게러지, 포터블로프트, 포터블워크룸…. 전부 우리 집이고 제 방 같아요.

그래서 아까 포터블로프트에 들어올 때 "주방 왔다."고 하신 거군요.

호야: 제가 그랬나요(웃음)? 직접 만든 공간이라 마음이 절로 갈 수밖에 없어요. 장소를 구하는 것부터 시작해서 철거하고, 공사하고, 창문, 가구, 간판, 타일 한 장까지 직접 고르고 만든 공간이다 보니까 그저 가게로만 생각하긴 힘들더라고요.

오상: 우리 집이라고 생각해서인지 손님들이랑도 금세 가까워져요. 극진하고 친절하게 대하지만, 아까 말했듯 집에 놀러 온 친구 같아서 어렵게 느껴지진 않거든요. 그래서 손님들의 평가에도 연연하지 않을 수 있는 것 같아요. 친구가 나를 어떻게 평가할지 전전긍긍하면서 만나는 사람은 없으니까요. 일하는 것도 비슷해요. 집에 놀러 온 친구에게 물의 양이나 원두 무게까지 그램 단위로 체크해서 커피를 내려 주진 않잖아요. 최고급 재료로 요리해서 비싼 식기에만 담아 주지도 않고요. 일부러는 아니지만 가끔 망치기도 하고(웃음). 저는 그런 마음으로 가게를 하고 싶어요. 그런 공간을 좋아해 주는 손님과는 친구가 되기도 하는데, 마음이 잘 맞는 손님이 오면 종종 인터뷰를 하기도 해요. 노트를 펼쳐 손님과 나눈 이야기를 쓰고 그림도 그리고.

호야: 저… 근데 배고프지 않아요? 저녁도 늦었는데 뭘 좀 먹으면서 이야기할까요?

(호야가 만든 파스타가 차려진다.) 이거 정말 맛있어요. 맥주랑 찰떡궁합이네요.

오상: 파스타는 파스타인데 레스토랑 파스타랑은 거리가 좀 멀죠? 포터블로프트에서는 친구들이 놀러 왔을 때 차려줄 법한 홈메이드 파스타를 만들고 있어요. 이건 골뱅이 파스타인데, 여기선 나름 인기 메뉴예요. (맥주를 내밀며) 이건 아크ARK 비어에서 나온 아크 페일 에일이에요. 헤이 허니랑 비교하면서 드셔 보세요.

호야: 아까 오상이 손님에서 친구가 되는 이야기를 했는데, 이 파스타 레시피를 알려준 '마야 과장님'도 그렇게 친구가 된 손님이에요. 지금은 벌써 8년째 함께 일하는 동료이기도 하고요. 포터블롤리팝이 양재동에 자리 잡았을 때부터 단골이었는데 어느 날 저희한테 같이 일해보고 싶다고 하시더라고요. 그때부터 함께해 오면서 지금은 저희의 정신적 지주가 됐어요(웃음). 저희는 양재동에서 주민들과 함께 플리마켓을 종종 열곤 하는데요. 이 파스타는 플리마켓에서 과장님이 휴대용 가스 버너로 만들던 인기 메뉴예요. 아! 한번은 다 같이 유명 셰프가 하는 레스토랑에 간 적이 있는데, 요리 대회를 하고 있길래 재미 삼아 과장님이 이 파스타를 출품했다가 1등의 영예를 안기도 했어요. 그 레시피를 전수받아 이렇게 판매까지 하고 있네요(웃음).

오상: 골뱅이가 생각보다 오일 파스타랑 잘 어울리더라고요. 냉장고에 있는 채소들과 마늘, 소금, 올리브유, 그리고 골뱅이만 있으면 만들 수 있어서 간편해요. 올리브유에 먹기 좋게 자른 골뱅이와 마늘, 그 외 먹고 싶은 채소들을 달달 볶다가 삶은 면을 넣고 소금과 향신료로 간만 하면 돼요. 그러고 나서 통조림 골뱅이 국물을 딱 한 스푼만 추가하면 완성이죠. 골뱅이는 꼭 '유동 골뱅이'를 사용해야 해요. 다른 브랜드로는 이 맛이 잘 안 나거든요.

두 분은 다양한 일을 한번에 해나가고 있는데 지속성에 대한 걱정은 없어요?

호야: 없어요(웃음).

어떻게 없을 수 있어요?

호야: 걱정이 없는 게 우리 장점인 것 같아요.

오상: 유일한 걱정이 있다면 혹시라도 월세를 못 내면 어쩌지 싶은 거? 월세만 낼 수 있으면 뭐든 다 하고 싶어요. 지금도 이 정도에서 멈춰 있는 건 몸이 하나이기 때문이에요. 여건만 된다면 하고 싶은 건 여전히 많아요.

호야: 다행히 월세를 못 낼 정도로 힘든 적은 없었어요. 일단 아이가 없어서인 것 같아요. 욕심이 없는 것도 한몫할 테고요. 저희는 비싼 차, 넓은 집을 사느니 차라리 가게를 하나 더 갖고 싶어요. 아, 이거 욕심인가(웃음)?

다 같이 돌자
동네 한 바퀴

오랜 시간 양재동에서 지내고 있는데 이 동네의 어떤 점을 좋아해요?

오상: 저는 20대부터 지금까지 20년이 넘도록 양재에 살았어요. 매일 아침 동네를 산책하는데, 신기하게도 걸을 때마다 새로운 풍경을 만나게 되더라고요. 산책 코스를 조금만 바꿔도 전에는 모르던 장면이 눈앞에 펼쳐져요. 동네 주민들의 차림도 변하고, 풍경이나 건물, 길거리 모습, 길고양이나 식물도 매일매일 달라지죠. 양재동은 화려한 동네는 아니에요. 번화한 동네로 옮긴다면 더 많은 손님이 오고 장사가 더 잘될 수도 있을 거예요. 그렇지만 저는 양재동이 좋아요. 애정을 넘어 애착을 느끼는 동네죠.

호야: 우리 동네엔 매일 두 손을 꼭 잡고 걸어 다니는 노부부가 있어요. 오상이 그분들을 보면서 '저렇게 살아야겠다.'고 생각했대요. 양재동은 따뜻한 사람들이 살고 있는 좋은 동네예요. 그래서 아직은 다른 곳으로 가고 싶다는 생각은 없어요. 물론 평생 여기에 살 거라고 생각하진 않아요. 저희가 자주 하는 말 중 하나가 "영원한 건 절대 없어."거든요. 그래도 여기 있는 동안은 좋은 거, 아름다운 걸 많이 느끼고 싶어요. 아…, 근데 말하다 보니 오상의 양재동 사랑이 대단해서 어쩌면 평생 살 수도 있겠다는 생각이 드네요(웃음).

많은 살림이 여기 있어서 쉽게 벗어나긴 어려울 것 같아요.

오상: 양재동 여기저기에 공간을 둔 건 쌓여 있는 물건을 보관할 곳이 필요하기 때문이기도 해요. 보셔서 알겠지만 모든 공간에 물건이 가득 차 있거든요. 어떻게 보면 비효율적이고 이상하게 보일지도 모르겠어요. 상식적으로 이해할 수 있는 범위를 넘어선 것도 같고요. 근데 앞으로도 관심이 생긴다면 무엇이든 해볼 수 있고 공간을 더 늘려나갈 수도 있을 거예요.

호야: 여러 가지를 동시에 할 수 있느냐 없느냐의 문제보다는 하고 싶은 걸 해와서 여러 가지를 하고 있는 것 같아요. 하고 싶은 게 생기면 주저하지 않고 일단은 다 해봤고 앞으로도 그러려고 하거든요.

오상: 옛날엔 지금처럼 하고 싶은 걸 다 벌이는 타입은 아니었는데 지금은 뭘 하든 내 편에 서서 응원해 주는 사람이 있으니까 하게 되는 것 같아요. 둘이 만나면서 더 그렇게 된 것도 같고요. 엉망진창이더라도 혼자 망치는 것보단 같이 망치는 게 좋잖아요.

양재동에서 재미있는 모임도 많이 벌이는 것 같아요. 아까 이야기한 플리마켓도 그렇고요.

호야: 오상이 일을 좀 만드는 편이에요(웃음). 둘 다 사람들과 어울릴 때 영향을 많이 받는 편이라 친구들이랑 동네 사람들 모으는 걸 좋아하거든요.

오상: 저희가 기획하는 모임들이 대단한 건 아니에요. 지속 가능성도 그리 좋진 않고요. 그때그때 하고 싶은 게 생기면 해보는 건데, 마을 주민들도 함께해서 좀 특별하고 즐거워요. '주酒책모임'이라는 걸 열어 책과 술을 연결하기도 하고, 연말엔 크리스마스 파티를 하기도 해요. 음악감상회에선 듣고 싶은 앨범을 가지고 와서 함께 듣기도 하고요. 플리마켓도 주기적으로 열고 있어요. 더 재밌게 즐기기 위해 포스터도 만들고 게임도 준비하는데 동네 아이들도 참여해서 분위기가 색달라요. 모임을 통해 친해지는 주민들이 있다는 것도 좋고요.

동네 주민이랑 친구가 된다는 게 말처럼 쉬운 일은 아닐 것 같아요.

오상: 음, 이런 식이에요. 오래전에 단골손님이 와인을 들고 포터블롤리팝에 온 적이 있어요. 생일인데 만날 사람이 없어서 집에 가서 혼자 마실 생각이라고 하더라고요. 그래서 함께 마시기 시작한 게 점점 판이 커져서 친구들이 하나둘 모여 어느덧 작은 파티가 되었어요.

호야: 근데 그날, 분위기를 내보겠다고 켜둔 촛불에서 단골손님 머리로 불이 옮겨 붙었어요. 난리도 아니었죠. 다들 소리 지르며 달려들어서 머리를 내려치고 불고… 그러면서 간신히 껐어요. 다행인지 불행인지 뽀글뽀글한 파마머리여서 겉만 그슬리고 끝날 수 있었어요. 그날 이후로 그분과는 진짜 친구가 되었죠. 결혼식 때 저희가 축가도 불러주고 요즘은 아이가 커가는 모습도 실시간으로 보고 있어요. 이 동네엔 친구 같은 주민도 많고 정을 느끼는 일도 많아요. 얼마 전에는 나이가 지긋한 할아버지가 저희에게 악보를 하나 주고 가셨는데, 가사가 "그곳에 가면 1분 대화로 활짝 밝게 핀 마음이네 쌓였던 스트레스 확 풀어주네"예요. 저희 가게에서 좋은 느낌을 받아 노래를 만드신 것 같아 기분이 참 좋았죠.

오상: 이야기하자면 끝도 없어요. 나중에 크면 포터블 상점을 하겠다는 동네 꼬마도 있고, 제 목공방에서 아르바이트했던 학생도 있어요. 이런 작은 일들 덕분에 양재동에서 일하는 게

더 즐거워요. 여기가 외지인이 많은 번화가였다면 아마 경험하지 못할 일이었을 테니까요. 가족처럼 친하지만 서로의 사적인 부분에 개입하진 않는 관계여서 서로 부담이 없다는 것도 좋고요. 저흰 이렇게 쭉 동네 사람들이랑 같이 가고 싶어요. 아이, 학생, 부모, 할머니, 할아버지, 나이 먹은 개까지도요.

나중엔 아주 오래된 가게가 되어 있을 것 같아요.
오상: 혹시라도 양재동을 떠나거나 가게를 접어야 한다면 누군가 이 공간을 이어받아서 계속해 주면 좋겠어요. 그렇게라도 여기 오래 남아 있고 싶거든요.

양재동에 호야와 오상을 남기기보다는 '포터블'들을 남기고 싶은 거군요.
오상: 그렇죠.

마의 슈퍼가 장사는 더 잘됐던 거 같은데 아빠는 언제나 과일을 잘 진열하는 데 신경 쓰셨어요. "물건은 진열이 생명이란다." 그런 말씀을 자주 하셨죠. 그래서인지 저도 물건을 어떻게 하면 잘 보여줄 수 있을지, 어떻게 하면 돋보일지 고민하는 사람이 됐어요.

수많은 포터블을 운영하면서 성공에 대해서도 생각했을 것 같아요.
오상: 어느 날 친구가 유명 유튜버가 한 말이라며 이런 말을 해줬어요. "성공하려면 좋아하는 건 하면 안 된다."고요. 근데 저흰 좋아하는 것만 하잖아요. 그래서 성공을 못 하는 것 같아요(웃음).
호야: 근데 성공 같은 건 안 해도 돼요.
오상: 저도 그래요. 꼭 성공해야 하나요?

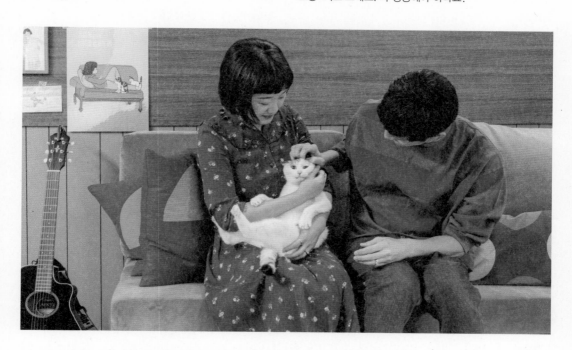

부모님이 어릴 때 슈퍼랑 과일가게를 하셨다고 들었어요. 한 동네에서 여러 가게를 하는 건 어린 시절의 영향도 꽤 클 것 같아요.

오상: 어떻게 아셨어요? 저희 아버지가 과일가게, 어머니가 구멍가게를 하셨어요. 저희가 양재동에 여러 가게를 만든 것처럼 부모님도 바로 근처에 과일가게랑 구멍가게를 두고 각자 가게를 꾸려나갔죠. 그래서인지 나이를 먹으면 저도 당연하게 장사를 할 거라고 생각했어요. 장사하는 걸 좋아했다기보단… 아니, 좋아한 거 같아요. 근데 좋다, 싫다를 따지기 전에 장사는 어릴 때부터 생활이었거든요. 이를 닦고, 잠을 자는 것 같은 생활이요. 부모님을 보면서 좋아하는 걸 팔고 싶다는 생각을 자연스럽게 하게 된 것 같아요. 생각해 보면 엄

반드시 그런 건 아니죠.
호야: 솔직히 저는 성공이 뭔지 잘 모르겠어요. 그 기준도 그렇고요. 관심이 없어서인지도 모르겠는데, 좋아하는 일을 계속하고 싶다는 마음으로 지금처럼 살아가는 게 저희에겐 성공 같기도 해요.
오상: 요즘 들어 사람이나 매체가 더 성공을 부추기는 것 같아요. '대박' 같은 단어를 써 가면서 그 분야의 최고가 아니면 안 되는 것처럼 만들잖아요. 저희는 성공해 본 적이 한 번도 없어요. 오히려 실패한 경험만 있죠. 결혼 초창기에 호야가 네일아트 숍을 연 적이 있는데 완전히 망했거든요(웃음).
호야: 그 당시엔 포터블롤리팝이 너무 잘되니까 사업을 확장하고 싶단 욕심이 있었어요. 네일아트 받는 걸 좋아해서 네일

아트 숍을 만들어 보면 어떨까 싶었던 거죠. 작업자를 따로 둔 숍이었는데, 투자만 하려니까 운영에 효율성이 떨어졌고 그저 예쁘게만 꾸민 가게에 불과했어요. 잘 모르는 분야를 너무 쉽게 생각한 것 같아요. 포터블롤리팝으로는 하고 싶은 걸 하고 네일아트 숍으로는 돈을 벌어볼 목적이었는데 1년도 안 돼서 접게 됐죠. 그때 직접 할 수 없으면 안 하는 게 낫다는 걸 깨달았어요. 투자라는 개념은 저희에게 어울리지 않아요. 남들이 잘하는 걸 밀어주기보단 저희가 좋아하는 걸 해야 하는 사람들인 거죠. 하고 싶은 걸 직접 해야 만족스럽더라고요.

실패하고 나서 두려움이 생기진 않았어요?

오상: 두려움이요? 우리에게 그런 게 있나? 음⋯. 있어요, 있을 거예요. 근데 그냥 받아들여요. 성공이냐 실패냐는 그리 중요하지 않아요. 진짜 중요한 건 일단 '한다'는 거거든요. 그렇다고 저희가 이것저것 다 잘해서 도전하는 건 아니에요. 지금 벌여놓은 일들 중에서도 어느 하나 잘하는 건 없잖아요. 다만, 하고 싶은 걸 다 하면서 살다 보니 좀더 이렇게 살고 싶다는 마음과 앞으로도 이렇게 살아갈 수 있겠다는 힘이 생겨요.

이렇게 말해도 될지 모르겠지만 두 분의 삶은 재밌어 보여요.

오상: 저 역시 이렇게 말해도 될지 모르겠지만 맞아요(웃음). 저흰 매일 재미있게 살고 있어요. 좀 다른 얘기지만, 누군가 퀴즈를 낸다면 저는 꼭 정답을 맞히고 싶어요. 근데 삶은 그런 게 아닌 거 같아요. 애초에 정답과 오답으로 나눌 수 없는 복잡한 거라고 생각하거든요. 그래서 혹시 이 삶이 오답이라고 해도 충분히 재미있으니 상관없을 것 같아요.

지금까지의 삶을 돌아보면 어때요?

오상: 만족해요. 오늘 아침에 커피를 마시려고 하는데 원두가 뚝 떨어졌더라고요. 이런 사소한 결핍 말고는 만족스러워요.

호야: 불쑥불쑥 '이런 게 행복이지⋯.' 싶을 때가 많은데 이거 만족하는 거 맞죠? 저희 노래 중에 '비교할 때부터 불행의 씨앗'이라는 곡이 있어요. 이 제목처럼 우리는 우리 나름대로 행복하고, 남과 비교하지 말고, 남한테 피해 주지 말자는 마음으로 살고 있어요. 앞으로도 그러고 싶고요.

대화를 끝내기 전에 이번 호 주제인 '아름다운 균형'에 대해 물어보고 싶어요. 아름다움이 뭐라고 생각하세요?

오상: 자연스러운 거요.

자연스럽다는 게 뭘까요?

오상: 잘하려고 애쓰거나 꾸미지 않는 거요. 무엇이든 억지로 하지 않는 게 중요해요. 내가 '이 정도' 수준이면, '이 정도'만 하면 된다고 생각해요. 음악이건 사진이건 그림이건⋯. 내 처지와 깜냥에 맞게 하면 자연스러울 수 있죠. 저희가 만약 성

공과 실패를 따지는 사람이었다면 더 잘하고 싶어서 스트레스를 받을 것 같아요. 저는 늘 자연스럽게, 흘러가는 대로 마음을 유지하면서 지내고 싶어요.

호야: 저는 오상보다는 남들 시선을 신경 쓰는 편이라 최대한 자연스럽게 살려고 노력 중이에요. '의연한 사람이 되자'가 제 목표인데 지키기가 너무 힘들어요. 오늘 같은 날도 어떤 옷을 입으면 좋을까 고민하면서 오상과 제 옷을 맞춰 놓았거든요. 이런 행동은 자기만족을 위해서이기도 하지만 남을 신경 쓰기 때문에 하게 되는 행동 같아요. 저랑 반대로 오상은 다른 사람 시선은 전혀 신경 쓰지 않고 하고 싶은 대로 하면서 사는 사람이에요. 오상이랑 같이 살아서 제가 남을 더 신경 쓰게 되는 것 같기도 하고요(웃음). 그런 둘이어서 균형이 맞는다는 생각도 들지만 제 바람은 타인을 신경 쓰지 않고 있는 그대로 멋진 사람이 되는 거예요. 그렇게 늙어간다면 미간에 주름이 없는, 아름다운 할머니가 되어 있겠죠?

네. 무척 유쾌한 노부부요(웃음).

오상: 저희는 노트에 곧잘 낙서처럼 엉뚱한 그림들을 그리곤 하는데 그 그림들이 진짜 실현되는 걸 종종 경험하곤 했어요. 대부분 약간은 허무맹랑한 계획이나 상상들이죠. 그럴 때마다 재밌기도 하고 놀랍기도 하고 꿈이 이루어졌다며 즐거워하기도 하는데, 앞으로도 계속 그렇게 상상하면서 살아가고 싶어요. 작은 상상들을 그림으로 남기고 일이 바빠졌다는 이유로 소소한 재미를 놓치지 않으면서요. 그렇게 살다 보면 언젠간 '오상 할아버지'가 되어 있겠죠?

호야: 연애할 때부터 오상과 '즐겁게 살아가는 것'에 대해 이야기하곤 했어요. 아침에 눈을 떠서 함께 가게 문을 여는 일상을 상상한 거죠. 지금 그런 삶을 살아가고 있다는 게 좋아요. 앞으로 해보고 싶은 게 있다면 넓고 큰 공간을 구해서 지금 하고 있는 모든 일을 한 공간에서 해보는 거예요. 하나의 공간에서 요리도 하고, 술도 팔고, 소품도 팔고, 그림도 그리고, 목공도 하고⋯. 어떨지는 잘 모르겠지만 분명히 재미있을 거예요.

두 사람의 뒤를 따라 수 개의 포터블을 순회할 때, 스치는 사람들이 걸음을 멈추고 인사를 건네는 진풍경을 보았다. 동네를 자연스럽게 누비는 오상과 호야 곁으로 수많은 인사와 대화, 그리고 웃음이 따라붙는다. 두 사람의 공간은 빼곡하고 촘촘했다. 물건도 그렇지만 그보다 담뿍 고여 있는 건 마음이었다. 좋아하는 마음이 아름답게 쌓여 둥글게 굴러간다. 책장 틈에도, 침대 위에도, 턴테이블 안에도, 앞치마 주머니에도 너무 근사한 마음이 숨어 있어 눈길 닿는 전부가 좋았다.

아름다운 호야에게... ♡
먼날 웃긴 호야라고 불러서 미안해~
바쁜 회사일 마치고 집에 돌아와
차분하게 마음 가라앉히라고 음악을
골라봤는데 호야한테는 다소 지루할러나ㅋㅋ
가끔은 음악감상의 여유를 부려보았음
좋겠구나 호야야. 하긴 오상이랑 놀려면
또 바쁜건가?^^ 따뜻한 겨울 만들어
보자 우리 함께~ 물론 양순이도 같이!

places to

Nice To Meet Me!

잠깐 멈춰도 괜찮아

평범한 일상을 보내다가도 불현듯 앞이 캄캄하고 숨이 턱 막히던 시절이 있었다. 팔다리가 저려 일상생활이 불가능해져 병원에 갔더니 신경성이라며 스트레스를 받지 말란다. 세상에 스트레스를 받고 싶어 받는 사람이 어디에 있나. 마음이 좀 힘든가, 싶었지만 어떻게 해야 할지 몰라 그냥 두었다. 지켜온 모든 게 다 빠져나갈 것 같아 꽉 부여잡고 안간힘 쓰기를 몇 달째, 더는 안 되겠다 느낀 순간 열 손가락을 펼쳤다. 양손에 그득하던 것들을 놓았더니 지옥은 거짓말처럼 끝이 났다. 만일 그 시절 내가 밑미를 만났더라면 어땠을까?

에디터 이주연 포토그래퍼 이종하

하얗게 불태우고 남은 것들

"아이러니하게도 '진짜 나를 만나게 되는 순간'은 몸과 마음이 힘든 순간이에요. 너무 힘드니까 잠시 멈출 수 있고, 멈추면 나도 몰랐던 진짜 나를 만나게 돼요. 지금 힘들다면, 나를 만나는 시간이 온 거예요."

A는 요즘 평소답지 않다. 할 수 없을 것 같던 일도 이를 악물고 노력하면 잘 맺곤 했는데, 최근엔 작은 일도 제대로 해내기가 어렵다. 간단한 사무 처리도 하지 못해 꾸중을 듣고, 실수를 생각하느라 동료들의 눈치를 보게 된다. 심지어 좋아하는 일이나 취미생활마저도 마음처럼 되지 않는다. 스트레스를 받아서일까, 친구들과의 관계는 자꾸 틀어지고 집에서도 짜증이 늘었다. 잔병치레가 심해지더니 종종 앓아눕기까지 한다. 밤엔 잠을 못 이루고 아침이 오면 피곤하다. A는 매일 밤 생각한다. '나… 어딘가 고장 난 걸까?'

열심히 일한 사람들에게서 발견되는 묘한 현상이 있다. 매일 전력을 다해 일하던 사람이 도미노가 쓰러지듯 와르르 무너지고, 의욕에 충만하여 이것저것 몽땅 하려던 사람이 몸을 움직이는 것조차 힘들어하는 증상. 뉴욕의 정신분석가 프로이덴버거Hervert Freudenberger는 이러한 증상에 '번아웃Burn Out 증후군'이라는 이름을 붙였다.

속이 텅 빈 껍데기만 남기까지 몸과 마음은 A에게 수많은 신호를 주었을 테다. 그러나 알아도 모르는 척, 에너지드링크에 기대 꾸역꾸역 버텨온 A는 이제 한계라는 걸 실감한다. 마음의 문제라는 생각이 들어 심리상담을 받아볼까 고민하지만 비용이 걱정돼서, 시간이 없어서, 어떤 카운슬러를 만나야 할지 알 수 없어서 차일피일 SOS를 미루고만 있다. 그때, 길을 잃고 발만 구르는 A에게 누군가 어깨를 두드리며 묻는다. "많이 힘들죠?"

일상에서 진짜 나를 마주하기

생각보다 많은 이들이 '내가 진짜 원하는' 걸 잊고 살아간다. 타인의 욕망, 다른 사람의 기준에 맞춰 살아가는 데 익숙해지면서 반복적으로 쌓이는 스트레스의 무게 감은 생각보다 묵직하다. 밑미는 마음이 힘든 사람들이 더욱 즐겁게 '진짜 나True Self'를 만날 수 있도록 돕고자 시작됐다. 밑미는 사람들이 진짜 나를 발견했을 때 자신만의 행복한 삶을 설계하고 자아를 실현할 수 있다고 믿는다. 그 믿음을 바탕으로, 마음의 이야기를 안전하게 꺼내 보이고 내 안에 있는 힘과 용기를 발견할 수 있도록 새로운 심리상담 플랫폼을 제안한다.

"심리상담은 인생의 이벤트 같은 거지만, 사실 심리문제는 일상적인 데서 와요. 그래서 일상에서 유지될 수 있는 활동과 결합하는 게 중요하다고 생각했어요."

다양한 심리문제와 액티비티를 페어링하는 밑미는 첫 번째 카드로 번아웃 증후군을 꺼냈다. 직장 내 번아웃부터 연애와 사람 관계에서 오는 번아웃까지 밑미는 비슷한 고민을 하는 사람들을 한자리에 모아 진짜 나를 찾는 여정을 마련했다. 쉽게 꺼내기 힘든 마음속 이야기를 좀더 편안한 분위기에서 털어놓을 수 있도록 요가, 명상, 요리, 식물, 달리기, 음악 등 일상과 가까운 액티비티를 심리상담과 결합한 형태다. 이 그룹 페어링 프로그램은 번아웃에서 시작하여 점차 더 많은 심리문제로 확장될 예정이다. 밑미는 말한다. "여기는 진짜 나를 찾고자 하는 사람들이 연결되는 건강하고 행복한 커뮤니티"라고.

가랑비에
옷 젖는 줄 모르고

하빈의 이야기

Burn Out | 벼랑 끝의 충만함

"저는 20대 때부터 이것저것 하는 게 많았어요. 직장에 다니면서도 충족되지 않는 것이 있어 늘 사람을 모아 사이드 프로젝트를 기획하곤 했죠. 사이드 프로젝트에 관심이 사라진 건 새 회사로 이직하면서부터였어요. 회사 비전과 미션이 제 가치관과 잘 맞아 만족도가 높아지니 사이드 프로젝트는 물론이고 쇼핑도 하고 싶지 않더라고요. 그러다 마음 맞는 동료가 승진하면서 팀에 혼자 남게 됐는데, 그때 슬럼프가 찾아왔어요. 과한 업무를 혼자서 해내도 알아주는 사람이 없던 때였죠. "잘 지내?"라는 말 한마디에 오열하듯 울면서 지쳤다는 걸 알았어요. 나쁜 일은 한꺼번에 온다더니 그땐 연애마저 뜻대로 안 되더라고요. '이러다 죽겠구나.' 싶었죠."

Overcome | 누군가의 관심으로

"매일매일 바닥을 기다시피 하던 제게 큰 힘이 된 건 주변 사람들이었어요. 제가 힘들어한다는 걸 깨달을 수 있도록 도움 준 사람들이 있었거든요. 그들이 없었다면 번아웃 상태를 인지하지 못했을 거고 극복도 할 수 없었겠죠. 번아웃은 스스로 깨닫는 게 가장 중요해요. 그 단계에 닿기까지 도와줄 환경과 사람이 필요하죠. 그래서 밑미를 기획했어요. 심리문제로 힘든 사람들에게 "잘 생각해 봐, 너 괜찮아?" 하고 묻는 역할을 하고 싶어서요."

롤리의 이야기

Burn Out | 좋아하는 일을 파고들다가

"저는 좋아하는 일이 생기면 앞뒤 안 보고 불나방처럼 뛰어들어요. 게으르고 체력도 약한 사람인데 좋아하는 일이 생기면 힘든 줄도 모르고 하는 타입이죠. 그래서 제가 얼마나 지쳤는지 바로바로 체감하지 못한 것 같아요. 그러다 어느 순간 몸과 정신이 한 번에 무너지더라고요. 일상생활이 불가능할 정도로 온몸이 고장 났는데 대학병원을 전전해도 아픈 이유를 알 수 없었어요. 공황 증세에 허리디스크까지 겹쳐서 한 달을 누워서 지냈죠. 인간관계가 완전히 무너졌고 남편과의 관계도 악화됐어요. 내가 뭘 위해 이렇게 사나 싶어서 생각이 많아지더라고요."

Overcome | 마음을 여는 일

"번아웃은 증후군이에요. 방치하면 우울증이 되고 병이 되기 때문에 가능한 빠르게 빠져나오는 게 좋아요. 저는 두 번의 번아웃을 겪었어요. 첫 번째 번아웃 때는 부부상담의 도움이 컸어요. 한 번 극복하고 나니까 그다음 번아웃이 왔을 땐 금세 알아차리고 극복할 힘이 생기더라고요. 두 번의 번아웃으로 제가 어떤 일을 좋아하고 잘할 수 있는지, 어떤 일을 하면 안 되고 취약한지를 알게 됐어요. 번아웃 이전의 저는 욕심이 많은 사람이어서 뭐든 하곤 했는데 지금은 안 되는 거, 못하는 거, 힘든 건 걷어차기도 하죠. 부부상담으로 큰 변화를 겪은 후 좀더 나이가 들면 꼭 심리 공부를 해보겠다고 다짐했는데요. 그런 제게 하빈이 밑미 이야기를 꺼냈고, '이건 무조건 해야 해.'라는 생각이 들었어요."

중심 잃은 마음들이 밑미로 모여든다. 마음을 당기는 힘이 뭘까 살펴보니 정답은 경험에 있었다. 밑미를 만든 네 명의 친구들은 모두 번아웃 증후군을 겪은 당사자다. 번아웃을 인정하고 빠져나오면서 이들이 해낸 건 극복만이 아니었다. 분명한 성장이었다.

은지의 이야기

Burn Out | 넘치던 힘을 잃고

"저는 일하는 게 즐거웠어요. 업무가 재미있었고, 동료들이 좋았고, 그때그때 보상이 있는 것도 만족스러웠어요. 일하는 데 거의 중독된 상태였는데, 번아웃은 승진과 함께 찾아왔어요. 어린 나이에 여자인 제가 승진한 게 많은 사람의 질투를 샀거든요. 저를 믿고 승진시킨 회사에 능력을 증명해야 한다는 부담과 책임을 느끼고 엄청난 압박을 받아야 했어요. 잘할 수 있게 도와주는 사람은 없고, 시샘만 받으니까 스트레스가 쌓이더라고요. 이 자리가 내가 있을 곳이 아니란 생각이 들면서도 내려놓지 못해서 많이 힘들었어요. 그때 갑자기 허리디스크가 생겼고 나중엔 무기력까지 오더라고요. 전 언제나 하고 싶은 게 많은 사람이었는데 그땐 하고 싶은 게 단 하나도 없었어요."

Overcome | 마음을 톺아보는 일

"아무것도 할 수 없던 제게 유일하게 안정이 된 건 명상과 보이차였어요. 하지만 그 시간을 제외하면… 똑같이 힘들더라고요. 그래서 안식 휴가를 쓰고 두 달 동안 인도로 떠나 요가와 명상에만 집중했어요. 외부와 차단된 채 마음의 소리를 들은 거죠. 그때 제 삶에 필요한 게 무엇인지, 내가 진짜 하고 싶은 게 무엇인지 깊이 생각할 수 있었어요. 그래서 심리상담과 액티비티를 연결한다는 밑미 기획에 솔깃했어요. 요가나 명상과도 결합한다는 데서 '이거 재밌겠는데?' 싶은 마음이 든 거죠."

봉봉의 이야기

Burn Out | 열정에 파묻혀서

"저의 번아웃은 사회초년생 때 찾아왔어요. 저는 첫 직장부터 원하는 곳에 입사해서 좋은 상사를 만났어요. 운이 좋았죠. 제가 헤엄칠 수 있도록 판을 깔아주고 가이드를 명확하게 주면서 그 안에서라면 뭐든 마음대로 할 수 있게 해준 사람들이었어요. 저는 사회생활이 즐거웠고 의욕도 어마어마했어요. 잘해야 한다는 욕심과 잘하지 못하면 안 될 것 같단 압박을 느끼면서 매사에 최선을 다했죠. 시키지 않은 일까지 찾아가며 열심히 일했어요. 그러다 불쑥 번아웃이 오더라고요. 그땐 제가 번아웃 상태라는 것도 모르고 '요즘 왜 자꾸 눈물이 나지?' 그러면서 의아해했어요. 몹시 우울하고 마음이 힘들었죠."

Overcome | 같이의 가치

"제 번아웃은 상사가 '이거 누가 했어? 잘했네!'라고 말해주는 순간 극복되었어요. 저에게 미처 몰랐던 인정 욕구가 있었나 봐요. 저는 남들보다 제 상태를 빨리 알아채는 편이어서 그 이후로는 마음이 힘든 걸 미리 감지할 수 있게 됐어요. 번아웃의 낌새가 보이면 저는 모든 걸 멈추고 원하는 일, 좋아하는 일을 해요. 저를 이해해 주는 친구를 만나서 테니스를 치거나 친구네 집에서 대화를 하는 거죠. 저는 사람과 있을 때 에너지를 얻기 때문에 커뮤니티에도 관심이 많은데요. 아주 작은 일에도 칭찬이 오가고 격려가 되는 커뮤니티 덕분에 건강하게 지내고 있어요. 저는 밑미를 통해 마음이 힘든 사람들한테 '잘하고 있다.'고 말해줄 수 있는 커뮤니티를 만들어 주고 싶어요."

지금의 나를 마주하고
진짜 나를 만나는

손하빈·박신후·김은지·이용복
밑미를 만든 사람들

만나서 반가워요.

하빈: 안녕하세요, 자아성장 큐레이션 플랫폼 밑미 대표 손하빈이에요.

롤리: 반가워요. 저는 밑미에서 크리에이티브 디렉터를 맡고 있는 롤리, 박신후예요. 오롤리데이라는 브랜드를 운영하면서 제품을 디자인하고 만들고 있는데 그보다 본질적인 것으로 사람들과 소통하고 싶어 함께하게 됐어요. 심리상담을 기반으로 하는 플랫폼이다 보니 상담으로 크게 성장한 경험이 있는 저한테는 거절할 수 없는 제안이었어요 (웃음).

은지: 저는 마음이 고통스러울 때 내 안에서 답을 찾고, 나로 존재하는 것에서 의미를 발견하는 데 관심 있는 김은지예요. 다양한 치유, 영성 등 자기계발 프로그램을 통해 자신을 수행하는 매력을 깨닫고, 더 많은 사람이 진정한 나를 찾을 수 있기를 바라면서 함께 밑미를 창업하게 됐죠.

봉봉: 봉봉이라고 불리는 이용복이에요. 저는 언제나 사람과 사람, 지역과 지역 간의 연결에서 에너지를 받아 왔어요. 건강한 커뮤니티에서 얻는 힘이 크다는 걸 경험한 사람으로서 '좋은 건 더 많은 사람이 알아야 한다.'는 생각으로 밑미에 함께하게 되었어요.

론칭이 올해 8월이었죠. 어떻게 시작된 브랜드인가요?

하빈: 밑미의 초기 모델은 심리상담만 다루는 브랜드였어요. 저는 살면서 참 많은 활동을 해왔는데 본질적으로는 '진짜'를 찾는 걸 좋아했거든요. '진짜 나'를 찾는 사람들과 함께 심리문제를 극복할 수 있도록 돕고 싶었어요. 하나의 기둥을 세우고 싶다는 생각이 든 거죠. 그렇게 초기 모델에서 점차 발전하면서 요리, 명상, 요가, 식물 등의 액티비티와 심리상담을 결합하는 비즈니스 모델이 만들어졌어요. 밑미에 가장 먼저 합류한 사람은 이전 회사 동료였던 은지였어요. 기획을 슬쩍 꺼내봤는데 눈동자가 반짝이더라고요 (웃음). 이때다 싶어서 같이 해보지 않겠냐고 제안했죠.

은지: 타이밍이 좋았어요. 그즈음 저는 태국으로 이민 갈 준비가 끝난 상태였어요. 번아웃 이후 퇴사를 결심하고 마음을 들여다볼 수 있는 사업을 해보고자 태국에서 새 삶을 시작할 예정이었거든요. 집도 다 정리하고 부모님 댁에 머물고 있었는데 코로나19로 발목이 잡힌 상태였죠. 어떻게 하면 좋을지 고민하던 차에 하빈에게 밑미 이야기를 듣게 됐어요. 다양한 액티비티와 심리상담이 엮이면서 무대가 커지니까 재밌겠다 싶더라고요. 특히 학창 시절부터 명상이나 요가에 관심이 많던 저로서는 그쪽 분야와의 결합에 관심이 생겼어요.

봉봉: 사실 전 이전에 창업을 해본 적이 있지만 끝이 좋지 않았어요. 파트너와 사업을 정리하는 과정이 꼭 이혼하는 것 같아서 몸도 마음도 많이 지쳤던 기억이 있죠. 그 뒤로 제 인생에 창업은 없을 줄 알았는데 사람 일은 알 수가 없네요 (웃음). 하빈, 은지와는 이전 회사 동료였는데요. 워낙 시너지가 좋았어서 창업 제안을 듣자마자 곧장 "나도 할래!" 그랬어요.

세 분은 이전에 함께 일하던 사이였군요. 그럼 롤리 님은요?

하빈: 사실 롤리는 자기 사업인 오롤리데이도 하고 있고 워낙 바쁜 친구라 창업 멤버로 제안한 건 아니었어요. 저희에게 부족한 디자인 분야를 보완해 줄 사람이 필요해서 컬래버레이션 굿즈를 제안해 보려고 했죠. 가능하다면 웹페이지 디자인까지 제안하고 싶어서 이야기를 꺼냈는데 창업을 같이 해보고 싶다는 거예요. 엄청 좋았고 그만큼 놀랐어요. 신난 상태로 은지랑 봉봉에게 "우리 같은 애가 한 명 더 있어!" 하면서 롤리를 소개한 기억이 나요 (웃음).

롤리: 전혀 고민하지 않았어요. 저는 제가 맞다고 생각하면 추진부터 하는 스타일이에요. 하빈에게 밑미 이야기를 듣는 순간 '같이 안 하면 분명히 후회하겠다.'는 생각이 들었어요. 제가 부부상담 경험이 있어서인지, 저한테 '상담을 받아보고 싶은데 어디서 받아야 할지 모르겠다'고 하소연하는 지인들이 참 많았는데요. 이런 갈증을 해소해 줄 수 있는 플랫폼이란 생각이 들었어요.

하빈: 오롤리데이를 하면서 같이 할 수 있겠냐고 물었더니 "잠 안 자고 할게." 그러더라고요 (웃음). 고맙고 든든했어요.

가까운 사람과 함께 일하는 데는 위험 부담도 크잖아요. 관계가 깨질까 봐 걱정되진 않았어요?

하빈: 오히려 힘을 많이 얻었어요. 만일 제가 혼자 시작했거나 다른 파트너를 만났다면 8월에 론칭하지 못했을 거예요.

밀미가 오픈되고 '어떻게 이렇게 빨리 진행됐냐'는 질문을 많이 받았는데, 저희 넷은 시너지가 좋은 조합 같아요. 이전에 함께 일해본 적 있는 저, 은지, 봉봉이 브랜드 내부를 탄탄하게 만들기 위해 노력한다면 롤리는 그걸 눈에 보이도록 강조해 줘요. 네 개의 퍼즐 조각이 딱 맞아떨어진 거죠.

은지: 론칭 당일까지 두 달간 합숙했기 때문에 서로를 더 잘 알 수 있었어요. 그래서 관계에 대한 걱정은 크게 없었어요. 합숙하면서 이 친구가 아침에 일어나면 어떤지, 어떨 때 컨디션이 안 좋은지, 어떤 버릇이 있는지 서로의 생활까지 들여다보는 시간을 충분히 가졌거든요.

봉봉: 제주도 워크숍도 큰 역할을 했어요. 저희 관계와 브랜

이었어요. 롤리가 듣자마자 상표 등록에 문제가 있을 거라는 현실적인 조언을 해줘서 '아하모먼츠'로 이름을 바꾸었는데, 이 이름 역시 이미 상표권 등록이 되어 있어서 또 다른 이름을 고민해야 했어요.

봉봉: 그 이후에 가장 오래 쓴 게 '마슬로'예요. 브랜드의 꼴이 갖춰졌을 때 정해진 이름이라 거의 확정 상태였어요. 카운슬러와 미팅할 때도 "마슬로입니다." 하고 소개했거든요. 마슬로라는 이름은 저희 비즈니스 모델에 큰 축이 된 매슬로 Abraham Harold Maslow의 인간 욕구 5단계 이론에서 왔어요. 롤리가 학자 이름에 아포스트로피를 찍어서 Ma'slow를 만들면서 짓게 된 거였죠. '나의 속도'라는 의미도 좋고 상징성도

드의 뿌리가 단단해지는 시간이었거든요. 워크숍에서는 우리가 만들고 싶은 브랜드에 대해 하나부터 열까지 넷이 머리를 합쳐 고민했어요. 비전, 미션, 일하는 방식, 로고…. 밀미만의 시스템이 마련되어야 흔들리더라도 중심을 잘 잡을 수 있을 거라고 생각했죠.

무엇보다 '밀미'라는 이름이 이 브랜드를 잘 이야기해 주는 것 같아요.

하빈: 브랜드 이름에도 고충이 많았어요. 밀미는 거의 막바지에 뒤집혀서 결정된 이름이었죠. 초기에 저 혼자 심리상담 플랫폼을 기획했을 때 이름은 '마음을 심는다'는 의미의 '심심'

있었는데, 이상하게 제 입에 그 이름이 잘 안 붙었어요. "마슬로 이용복입니다." 하고 소개한 지 꽤 되는 시점에 불쑥 정이 안 간다고 고백하고 말았죠.

롤리: 다들 엄청 놀랐어요. 근데 사실 저도 마슬로의 발음이 조금 촌스럽다고 생각해 왔기 때문에 이럴 바엔 차라리 네이밍부터 다시 시작하자는 이야기가 나왔어요. 일주일 동안 각자 고민해보기로 했는데, 제가 문득 '나이스 투 밀미Nice To Meet Me!'라는 문장을 떠올렸고 다들 이 말을 마음에 들어 해서 순식간에 '밀미'로 브랜드 이름이 결정됐어요. '나이스 투 밀미!'는 슬로건이 됐고요.

브랜드 이름을 보고 한눈에 어떤 의미인지 알았어요. '밋미'가 아니라 '밑미'여서 더 직관적이었죠.

은지: 브랜드 이름에 의미가 담겨 있어서 일일이 설명하지 않아도 된다는 게 좋았어요. 오픈하자마자 고유명사처럼 "저도 밑미하고 싶어요." 같은 피드백이 많은 것도 기뻤죠.

롤리: 벌써 많은 사람이 "밑미하세요."라든지 "너 힘들어? 밑미해 봐." 그런 이야기를 하고 있더라고요.

하빈: 지금까지는 많은 사람이 "하빈 씨 회사"라고 이야기해 왔는데 이름이 생기니까 다들 "밑미가"라고 하는 걸 보고 잘 지었구나 싶었어요. 입에 잘 붙는다는 피드백도 많았고요. 여러 이름을 거쳐 오면서 브랜드 네이밍이 정말 중요하다는 걸 깨달았어요.

봉봉: 슬로건도 그렇죠. '나를 만나서 반가워'라는 의미의 '나이스 투 밑미!'에는 '진짜 나True Self'를 찾아가는 즐거운 여정이 담겨 있어요. 저희가 생각하는 진짜 나는 행복한 나만을 의미하는 건 아니에요. 슬픈 나, 좌절하는 나, 화난 나도 모두 소중한 나라고 생각하거든요. 저희는 밑미를 통해 내 모습, 내 감정, 내 생각, 내 욕망을 솔직하게 들여다봄으로써 가장 나다운 나를 찾을 수 있도록 돕고 싶어요.

기존의 심리상담 이미지와는 달리 발랄한 느낌이 있어요. 채도 높은 색감이나 손글씨, 손그림을 사용해서 친근한 느낌도 들고요.

하빈: 밑미는 고루한 심리상담에서 벗어나고 싶었어요. 그래서 전체적인 색감이 더 밝게 나올 수 있었어요. 로고도 무척 빠르게 완성됐는데요. 롤리는 인사이트가 있어서인지 디자인할 때 진득하게 붙잡고 있는 스타일이 아니에요. 밑미 로고도

'나이스 투 밑미!'가 나오자마자 쓱쓱 그린 건데, 보자마자 저희 모두 마음에 들어 했어요. 지금 로고는 초기 시안 거의 그대로죠.

롤리: 마우스를 사용해서 떠오르는 대로 그렸는데 삐뚤빼뚤한 느낌이 좋더라고요. 매끄럽게 다듬으면 이 느낌이 남지 않을 것 같아 그대로 살렸어요. 모양만 보면 네 사람이 양손을 잡고 둥글게 모여 있는 모습을 위에서 보는 것 같기도 해요. 연대한다는 느낌도 있고, 여럿이 손을 잡아도 완벽하지 않다는 의미 같기도 하죠. 수영을 못하는 어떤 분은 자기를 위해 튜브를 던져준 것 같다고도 했는데 저희에게 의지할 수 있다는 의미처럼 들리더라고요. 각자 다른 해석이었지만 모두 의미 있는 내용이어서 잘 만든 로고라는 생각이 들었어요.

봉봉: 카운슬러들도 해석이 다 달라요. 주황과 파랑의 조화를 두고 긍정과 우울이 공존하는 것 같다고 말씀하신 분도 있었어요. 저희가 삐뚤빼뚤한 원을 좋아한 건 자연스러움 때문이었는데 많은 분이 '불완전해서 좋다'는 이야기를 해주시더라고요. 세상에 완벽한 사람은 없잖아요. 그런 의미도 들어 있는 것 같아서 우리 로고가 더 마음에 들어요.

밑미는 함께하는 사람들이 꼭 필요한 구조예요. 심리상담 전문가부터 액티비티를 함께할 카운슬러도 모집해야 했을 텐데, 어떤 과정을 거쳐 왔나요?

하빈: 카운슬러는 작년부터 컨택하고 만나기 시작했어요. 모든 시장이 그렇듯 심리상담 분야에도 다양한 유형이 있더라고요. 저희가 기준으로 삼은 건 10년 이상 심리상담을 진행한 전문가죠. 어떤 분야든 10년이면 인사이트가 생긴다고 생각했거든요. 저희는 유명한 심리 카운슬러와 함께하고 싶

다는 욕심은 없었어요. 밀미와 뜻을 같이하고 우리를 이해해 주는 사람이면 좋겠다고 생각했죠. 지금까지는 미팅을 통해 저희와 잘 맞는 분들을 컨택했는데, 앞으로 더 많은 사람을 만나려면 명확한 기준을 만들어야 할 것 같아요. 카운슬러 검증 시스템을 구축하는 게 지금의 과제죠.

온라인 리추얼도 재미있어요. 심리상담 프로그램에 비해 가볍게 접근할 수 있기도 하고요.

하빈: 많은 카운슬러가 이런 제안을 해요. "5분이라도 걸어보세요."라든지 "물이라도 꼭 드세요." 같은 거예요. 진짜 힘들 때는 사소한 움직임도 마음처럼 잘 안 되거든요. 근데 리추얼로 특정 습관을 몸에 익혀온 사람은 아무리 힘들어도 자연스럽게 하던 행동을 하게 돼요. 심리상담 프로그램이 당장 심리문제를 겪는 사람을 위한 거라면, 온라인 리추얼은 건강한 사람들도 할 수 있는 기획이에요. 미리 나를 단련하는 거죠. 리추얼을 혼자 할 수 없거나 어려워하는 사람들이 훈련된 리추얼메이커와 함께한다면 더욱 좋은 효과를 볼 수 있을 거라고 생각했어요. 그래서 특정 분야에 이미 훈련된 리추얼메이커가 리추얼 프로그램을 함께하는 시스템으로 구성했죠.

롤리: 저는 번아웃을 극복하면서 제가 진짜 좋아하는 일이 무엇인지 알게 되었어요. 그 활동들로 리추얼을 경험해 본 적도 있죠. 매일 아침 두 시간씩 저만을 위한 시간을 스스로 꾸린 건데요. 달리기, 독서, 글쓰기, 요가 같은 것들을 50일 정도 반복했는데 그 시간이 쌓이니 놀랍게도 제가 진짜 건강해져 있더라고요. 그때가 제 인생에서 에너지가 가장 넘치던 시기였어요. 재미있는 건, 다른 사람들이 저에게 좋은 영향을 받았다는 거예요. 저는 리추얼을 할 때마다 SNS에 그 과정을 기록했는데, 사람들이 "언니가 뛰어서 저도 뛰었어요."라든지 "오늘은 안 하려고 했는데 저도 해야겠어요." 같은 반응을 보이더라고요. 그때 리추얼메이커의 중요성을 깨달았어요. 함께하는 데서 시너지 효과가 난다는 걸 알게 된 거죠.

봉봉: 저희는 밀미로 프로그램만 판매하는 게 아니라 건강한 문화를 만들고 싶어요. 리추얼 문화도 그중 하나고요. 지금 우리 주변에 있는 리추얼 프로젝트는 챌린지 형태가 많은 것 같아요. '5킬로그램 감량하기', '마라톤 완주하기'처럼 성공과 직결되는 내용이 대부분이죠. 밀미는 정복하기 위한 리추얼에서 벗어나고 싶어요. 오늘 하루 리추얼을 못 했다고 자책하거나 남들과 나를 비교하며 위축되는 상황을 만들고 싶진 않아요. 밀미 리추얼의 목적은 챌린지가 아니라 트라이예요.

은지: 리추얼메이커의 도움을 받아 각자 자리에서 자기 스타일대로 하는 거니까 부담도 덜 거라고 생각해요. 여러 명이 함께하는 리추얼이지만 나만의 속도를 지키며 해나갈 수 있길 바라고 있죠. 요즘 시대에 연대는 꼭 필요하지만 최근엔 연대가 평준화되어 간다는 생각도 들어요. 그래서 밀미는 최대한 연대하되, 나만의 방식대로 리추얼을 쌓아갈 수 있길 기대

하고 있어요. 똘똘 뭉쳐 숨 막히는 커뮤니티가 아니라 느슨한 커뮤니티, 문화를 공유하는 커뮤니티가 되면 좋겠어요.

진짜 나를 찾는 일은 살아 있는 동안 계속해서 해나가야 하는 일 같아요. 네 분은 진짜 나를 만나기 위해 어떤 일들을 하고 있나요?

하빈: 밀미를 하기 전에 저는 '다 하고 싶은 사람'이라고 저를 소개하곤 했어요. 워낙 하고 싶은 게 많아서 사실 겉핥기만 하고 그만두는 분야도 많았거든요. 꾸준히 하는 게 없다는 이유로 꾸중을 듣기도 했죠. 그러다 어떤 책에서 '모든 걸 하고 싶어 하는 사람은 진짜 원하는 한 가지가 있기 때문'이라는 문장을 보게 됐어요. 그때부터 제가 정말 원하는 게 뭔지 찾기 시작했어요. 가만 보니 저는 물건이든, 장소든 오랫동안 시간이 쌓인 것들을 좋아하더라고요. 사람도 마찬가지예요. 자기만의 철학이 있는 사람이 멋져 보이고, 저도 그런 사람이 되고 싶어요. 저만의 철학을 꾸준히 쌓아 흔들리지 않는 사람이 된다면 진짜 나를 만날 수 있을 것만 같아요.

롤리: 저는 대체로 행복하고 낙천적인 성격이에요. 그런 제가 무너지는 경우는 주변 사람의 상태가 좋지 않음을 감지했을 때죠. 그럴 때 제가 뭘 할 수 있을지 고민하는데, 제 고민으로 그 사람이 나아지는 걸 보면 큰 희열을 느껴요. 저는 제가 하는 일이나 저 자신이 누군가에게 좋은 영향을 미치면 행복해져요. 그러기 위해서는 저부터가 단단해져야겠죠. 제가 생각하는 이상적인 사람으로 계속해서 저를 만들어가고 싶어요.

봉봉: 혼자서만 잘 사는 건 의미가 없는 것 같아요. 제가 아무리 행복해도 함께하는 사람이 행복하지 않으면 완전히 행복해질 수가 없거든요. 저는 더불어 살면서 주변과 함께 행복해지는 삶을 꿈꿔요. 모두가 안정적인 삶을 누릴 때, 그 안에서 진짜 저를 만날 수 있을 것 같아요.

은지: 저는 오래전부터 제 존재에 대해 고민해 왔어요. 자기소개를 할 때도 나를 설명하는 많은 것이 과연 진짜 나인가 하는 의문을 가졌죠. 제 이름, 제가 속한 회사, 제 직함, 제가 사는 곳…. 만일 이것들이 사라진다면 어떻게 저를 설명할 수 있을까요? 저는 진짜 내가 누군지 알기 위해 명상이나 요가로 자아를 탐구하곤 해요. 저를 둘러싼 표피 안에 진짜 제가 있다고 생각하고 있거든요. 페르소나 속에 있는 진정한 자아를 찾고 나면 진정한 저를 만날 수 있을 것 같아요.

43

A Small Hidden Being

못을 다루는 마음으로

이윤정 작가는 '못'을 만든다. 내 방 시계 뒤에 숨겨진 바로 그 못 말이다. 익숙해서 잊힌 못을 주제로 형태와 기능이 유연한 시도를 10년째 이어왔다. 전까지 거들떠보지 않던 못의 아름다운 탐구에 감탄한 날, 중요함과 미미함은 '무엇'이 아니라 '어떻게'의 차이란 걸 또 한 번 깨달았다. 그의 집에서 펼쳐질 못의 변주가 궁금했다. 집을 채우는 여러 요소 가운데 중요한 것과 당연한 것이 무엇인지도. 집을 말하면 '못'이 보였고 못을 들여볼수록 이윤정으로 흘러간 이 날의 대화를 여기에 나눈다.

에디터 김현지 포토그래퍼 **Hae Ran**

어디에나 있지만,
어디에도 속하지 않는

토끼굴

형태 다세대 빌라

거주 3년

나이 8년

집으로 초대해 주셔서 감사해요. 자신을 소개해 주실래요?

못을 주로 다루며 여러 금속 작업을 하는 작가 이윤정이에요.

작가로서 처음 만든 작품도 못이었어요?

네. 졸업 전시였는데 이 전시가 작가로서의 시작이라고 생각해서 깊이 고민했어요. 뭔가를 만들어서 선보이는 직업을 갖고 싶어 미대에 입학했고 운이 좋게도 이광호라는 좋은 선배가 작가가 되는 과정을 보았어요. 서정화 작가님도 선배고요. 자연스럽게 작가라는 직업을 동경했고 졸업 후 전업 작가가 되어야겠다 마음먹었죠. 그즈음 주얼리 수업을 들었는데 보통 보석을 위에 두고 금을 아래에 놓아요. 저는 주와 부를 바꿔서 보석을 아래로 구성하거나 금속 부분을 다이아몬드로 해보면서 부속품이나 부품이 돋보일 수 있는 실험이 재밌었어요. 그러면서 중요한데 숨겨진 것들이나 익숙해서 우리가 잊고 있는 것들로 전시의 주제를 정했어요. 그때 문득 못이 떠올랐어요. 중요한 역할인데 부품처럼 여겨지는 존재잖아요. 게다가 못은 기능과 형태, 길이와 굵기를 한정하지 않고 여러 변화를 줄 수 있으니 다양성을 보여주는 데도 매력적이죠. 졸업 전시를 할 때 세 개의 수업마다 세 주제의 작품을 만드는 게 일반적인데 저는 하나의 주제로 묶어서 세 작품을 만들었어요. 그때부터 못이 주인공인 작품을 이어오고 있어요. 못을 만들고 나서 나무틀로 짠 액자에 못을 배치해 아트워크로 만들어보고, 가구화하되 선반 옆쪽에 못이 잘 보이는 구조로 제작해보며 여러 시도를 했어요.

주된 작업이 못이고 최근 편집숍 '포인트오브뷰'와의 협업으로 사과, 브로콜리, 마카롱 모양의 황동 오브제를 만들기도 했어요. 금속공예라고 이해하면 될까요?

그렇게 부르곤 해요. 하지만 그렇게 소개되기엔 금속을 계속 다루는 분들과 뉘앙스가 다른 부분이 있어서 고민이에요. 저는 금속의 성질에 매력을 느껴서 마이스터가 되려는 방향은 아니에요. 제가 표현하고자 하는 스토리와 주제에 적합한 재료가 금속이었고, 대학에서 전공한 분야이기도 해서 금속으로 작업을 하는 거예요. 나중에도 금속을 할지 안 할지는 아직 확실하진 않아요. 물론 제가 이걸 가볍게 다루고 끝내려는 건 아니고 이 안에서도 깊이를 가져야 한다고 생각해요. 하지만 새로운 소재를 계속 탐구해 보고 싶거든요. 금속을

오래 다루는 분들이랑은 성격이 조금 달라서 금속공예가라는 이름을 쓰기엔 죄송스러운 마음이에요.

여기는 신혼집이라고요. 길고 긴 대화를 나누기 전에 집을 먼저 둘러보고 싶어요.

현관문을 열자마자 보이는 공간이 주방이에요. 원래는 여기가 주방과 거실이 함께인 공간이었고, 방이 두 개 있었어요. 저희 부부는 주방을 중요하게 생각해요. 요리를 좋아하고 여러 방면에서 가장 효율이 좋아야 하는 공간이니까요. 그러기엔 여기 거실이 너무 좁아서 공간을 과감하게 바꿔봤어요. 요리대가 벽을 보지 않고 공간의 중앙에 있죠? 그게 주방을 넓게 쓸 수 있는 방법이라 생각했어요. 가벽을 세워서 통로를 만든 뒤 안방 문을 떼어내고 다이닝 룸으로 만들었어요. 남은 방 하나는 침실로 사용해요. 그 옆으로 옷 방과 보일러실이 있어요.

침실도 신선해요. 침대의 헤드가 방 중앙에 있고 침대 발치가 창에 맞닿아 있어요.

저희는 익숙한 상식을 중요하게 여기지 않는 편이에요. 이 집에 맞는 동선을 짜려고 생각했어요. 넓은 평수는 아니지만 좁게 살고 싶지 않아서 침대도 큰 걸 쓰고 싶은데 벽에 붙이면 가로가 넓어서 공간이 안 나왔어요. 벽에 붙인다면 눈에 보일러실과 옷 방문이 보이니 전체적으로 안정적이지 않을 거 같았고요. 자연스럽게 침대를 창을 향해서 놓았는데 복도 개념도 생기고 수납을 언제든지 늘릴 수 있는 공간이 나오더라고요. 침대에 누우면 시선이 낮아져서 하늘만 보여요. 밤에 깜깜하고 조용해요. 가끔 달빛이 침대로 들어와서 불 꺼도 꽤 밝기도 해요.

이곳에는 작가님과 남편, 고양이가 살고 있나요?

저와 남편, 고양이 '글루'가 살아요. 글루는 길에서 구조된 고양이에요. 아주 아기 때 쥐 잡는 끈끈이에 붙어 있는 걸 구조한 터라 이름이 글루였는데 귀여워서 계속 그 이름으로 부르고 있어요. 원래 고양이 '폴'이 한 마리 더 있었는데, 시댁에 잠시 뒀더니 너무 잘 적응해서 거기서 지내고 있어요. 남편 최재원은 인테리어 스튜디오 UOR을 운영해요. Under One of Roof의 줄임말이에요. 처음에는 제가 가지고 있는 작가

사업자로 인테리어 일을 시작했어요. 저는 못 작업을 하다가 인테리어 일이 들어와 하고 있었고, 남편은 인테리어 일을 막 배울 때였죠. 둘이 연애하면서 일을 같이 해왔어요. 남편은 참 무던해서 제가 시비를 걸어도 싸움이 안 되는 성격인데 함께 일을 하면서 많이 싸웠어요. 저는 안 될 수도 있다는 전제를 깔고 일을 하는 편이지만 남편은 너무 긍정적이거든요. 서로 양보가 안 되기도 하고 저는 작가로 더 일을 하고 싶어서 지금은 남편이 직원들과 스튜디오를 꾸려가고 있어요.

이곳을 신혼집으로 정한 이유가 궁금해요.
저희는 결혼을 하고 비로소 자취를 해봤다고 생각하거든요. 둘 다 독립에 대한 로망이 커서 돈은 없는데 조건이 엄청 까다로웠어요(웃음). 우리는 아파트를 별로 좋아하지 않고 집다운 집, 휴식이 될 수 있는 집을 원했어요. 상상했던 집은 집과 집 사이의 간섭이 없을 것, 창으로 나무와 산이 보이는 뷰일 것, 집 구조가 고쳤을 때 예쁠 것, 위층이 없는 거였어요. 처음으로 내 공간을 만드는 일이라 어느 것 하나 굽힐 수 없었어요. 지역은 작업실을 같이 쓰는 광호 작가님의 영향을 받았어요. 구리에 몇 번 놀러 와서 이 동네를 알게 되었는데 의외로 매물이 별로 없고 가격과 위치가 좋더라고요. 저희가 고친다는 전제 아래 조건에 맞는 집을 구하고, 한 달 동안 수리했어요. 결혼식하고 각자 집에서 살다가 여기에 들어왔어요. 앞뒤 건물이 없고 뷰가 좋은 게 정말 만족스러워요. 요만큼 한강이 보여요.

까다로운 조건을 통과한 집이네요. 라이프스타일이 다른 두 사람이 한 공간을 꾸미기까지 어떤 과정이었어요?
결혼 전 저는 할머니부터 부모님, 세 자매, 강아지 두 마리까지 대가족으로 살았고 남편은 친척과 온 가족이 함께 살았어요. 우리에게 집은 잠만 자는 곳이었어요. 방에서 할 수 있는 일을 다 작업실에서 하다가 11-12시 되면 집에 들어가서 잠을 자고 출근하는 패턴으로 산 지 오래됐어요. 결혼하면서 다른 가족을 고려하지 않고 우리 둘의 집을 만든다는 게 너무 설렜어요. 결혼을 하고 독립을 해서 어렸을 때 혼자 겪었을 좌충우돌 없이 좋은 조건으로 살고 있다고 생각해요. 저희는 혼자 산 경험이 없어서인지 집에서 뭘 반드시 해야 하는 룰이 없어서 맞추기 쉬웠어요. 이른바 치약 짜는 걸로 싸우는 일은 없었어요. 티브이와 소파가 없고 둘 다 침대를 처음 써봐요. 우리는 반드시 필요한 게 별로 중요하지 않은 사람이 더라고요. 저에게 중요한 거라면 물건이 서랍 안에 들어가 있을 것, 넣어 놓는 수납이 충분할 것 정도였어요. 여기에 살면서 비로소 나만의 라이프스타일을 찾고 있어요. 내가 좋아하는 집의 시간대가 언제인지, 우리가 좋아하는 가구가 뭔지, 집에서 뭘 할 때 행복한지…. 처음 해보는 경험이 많아요. 아직도 그걸 겪어가는 중이에요. 첫 독립, 첫 집이니까요.

3년 차 살아 보니 집에서 무엇을 할 때 행복하던가요?
아무것도 안 하고 멍하니 있을 때 충분히 쉬었다 느껴요. 집에서 하는 빨래, 청소기 돌리기, 밥해 먹기는 전혀 스트레스가 없어요. 그런데 밥을 먹고 컴퓨터로 일을 해야 한다면 요리를 하면서 압박이 생기고 어느 정도 시간이 걸렸는지 체크하고 기억해야 하잖아요. 그게 싫더라고요. 집에서 여러 가지 영위하는 분들과 다르게 저는 집에서 아무 작업도 안 되고 가만히 누워 있거나 고양이랑 놀고 핸드폰 검색을 하는 정도예요. 작업실이 성수동에 있다 보니 일하면서 맛있는 거 먹고 좋은 카페에 가면서 충분히 자극을 받거든요. 집에 오면 산과 나무가 보이고 조용해요. 정말 만족하는 부분이라 나중에 다른 집으로 옮겨 가게 되더라도 뷰를 고집할 거예요. 만약 큰 집을 살 수 있는데 창문으로 다른 집이 보인다면 좀 작더라도 앞뒤 집이 없는 곳을 택하겠죠. 창에 블라인드와 커튼을 단 지도 얼마 안 됐어요. 2년간 없이 살아도 불편하지 않았어요. 아무것도 안 해도 되는 집. 보는 이 없이 입고 싶은 옷 입고, 있고 싶은 자세로 뒷일 앞일 걱정 없이 있으니 정말 '우리 집' 같아요.

집의 시간을 소중하게 생각하는 만큼 '우리 집'만의 이름이 있으면 좋을 텐데요. 이름은 생기를 불어넣고, 방향성이 되어 주잖아요.
집에 이름 붙이는 거 좋아요. 못을 만들 때도 이름을 다 지어줬어요. '머리가 큰 못' '눌린 못' 등등. 이름을 정하니까 기억도 잘 되더라고요. 저는 이 집을 '토끼굴'이라 부르고 싶어요. 〈이상한 나라의 앨리스〉에서 흰 토끼가 들어간 구멍을 앨리스가 따라 들어가고, 굴을 지나니 다른 세상이 펼쳐지잖아요. 전형적인 다세대 빌라의 외관과 복도에서 주는 기대감과 문이 열릴 때 주는 집 안의 분위기가 반전 매력이 있다고 생각해요. 전세인데도 과감히 집 안을 고치고 오로지 저와 남편, 고양이만의 세상을 펼치고 있거든요.

토끼굴. 자꾸 불러보고 싶은 귀여운 이름이에요. 제 기억 속 토끼굴에 비해 물건이 적은 편이라는 게 다르지만요(웃음).
도구의 자리를 특별히 중요하게 생각하지 않아요. 테이블이 있으면 책장이 있어야 하고 식탁이 있으면 꽃병이 있는 식으로 연쇄적으로 물건을 갖추어야겠다는 생각도 없고요. 제가 만드는 일을 한다고 디자이너를 잘 알고 가치를 중요하게 생각해야 한다는 강박도 없어요. 아직 제 기준이 중요해서 제가 만든 것들을 두거나 친구들이 만든 걸 집에 두는 게 편하고 자연스러워요. 어릴 때부터 패션에 관심이 많아서 좋은 브랜드 쇼 사진을 저장해 두고 보거든요. 제가 굳이 입지 않아도 좋아하는 취향의 것을 직접 보거나 사진으로 보면 욕구가 어느 정도 해소돼요. 취향과 소비가 직접 연결되지 않더라고요. 앞으로도 안 생길 거 같은 취미가 수집이에요. 저는

49

여행 다녀와서 티켓 모으는 분들이 정말 신기해요. 기억에 남아 있는 걸 상기하는 편이지 물건을 보고 추억을 더듬진 않거든요.

그래도 필요해서 구비한 가구나 물건들이 있잖아요. 어떤 기준으로 고른 거예요?

색감보다는 형태가 중요해요. 이 형태에 이 색감이 너무 좋은 게 있고 같은 색이 다른 형태일 땐 싫은 것도 있어요. 모호한 형태와 비율, 추상적이고 애매모호한 느낌을 좋아해요. 여기 물건을 보면 정형화되지 않고 각 맞추지 않은 요상한 형태가 많아요. 그릇으로 만든 형태가 아니더라도 식기로 쓸 수 있으면 쓰는 식이거든요. 주방에 둘 수도 있고 밖에서 쓸 수도 있는 여지가 있는 물건을 좋아해요. 제 작업도 그렇게 쓰이면 좋겠어요.

좋아하는 공예가나 작품이 있나요?

페인팅 작가를 말해도 될까요? 가벼운 우울감이 느껴지는 음악이나 그림에 매료되는 편이라 작가 데이비드 인쇼David In-shaw를 좋아해요. 그의 작업에는 경쾌함과 우울함이 섞여 있어요. 적당한 어두움이 더 인간적이라고 느껴져요. 연륜이 있는 작가인데 자연을 그리는 색감과 형태감이 동화적이라 매력적이죠. 롤라 뒤프레Lola Dupre 작품 역시 형태감이 아름답다고 느끼는데 심지어 주제가 동물이니 안 좋아할 수가 없어요. 동물을 왜곡해서 그리는데 사실적인 묘사가 매우 잘 어울려요. 언젠가 소장하고 싶은 그림 중 하나예요.

토끼굴에서 가장 고심하며 고른 물건은 뭐예요?

전셋집 공사에도 시간과 비용이 들어서 신혼살림을 거의 사지 않고 천천히 채우기로 했는데, 식탁과 의자가 없으니 생활이 불편하더라고요. 독립해 보지 않아서 다이닝 테이블과 의자를 사본 적이 없었어요. 가족들과 살던 집의 주방과 식탁은 더욱이 제 영역이 아니었고요. 내 식탁을 갖는다는 사실에 너무 설레서 무리하더라도 마음에 드는 걸 사기로 했어요. 테이블은 포울 볼테르Poul Volther가 디자인한 빈티지 제품이에요. 매우 잘 만들어졌고, 반으로 접기 때문에 공간 활용에도 좋아요. 반으로 접힐 때 하드웨어가 노출된 것도 만족하는 부분이고요. 의자는 작은 다이닝 공간이 나무로만 채워지는 게 답답할 것 같아 고민하던 차에 우리 눈에 들어왔어요. 녹색 프레임으로 피에트로 아로시오Pietro Arosio가 만든 거예요. 성인 두 명과 고양이 한 마리가 사는 집이라 의자도 딱 두 개만 샀는데 매우 잘 사용하고 있어요.

유행에 민감하지 않은 편이죠?

맞아요. 식탁도 하드웨어나 형태감이 좋아서 샀고 의자도 마찬가지예요. 유명하고 잘 만들어진 제품은 인정하지만 우리

집까지 와야 할까 싶어요. 대중적이라는 걸 무시할 순 없지만 명암이 있는 거 같아요. 제 작업이나 UOR을 할 때도 그런 철학이 있어요. 웬만하면 안 해본 거 하는 게 좋고 남들이 많이 한 걸 또 할 필요가 없다고 생각해요. 제가 만들었는데 우연히라도 어떤 느낌이 들면 '하지 말자.' 하고 접는 편이에요.

물건 하나를 사기까지 오래 고민할 거 같아요.

소파를 사기로 마음먹은 지 2년의 세월이 지났는데 아직도 못 샀어요. 둘 다 있으면 있는 대로 없으면 없는 대로 잘 적응하는 편이기도 하고요. 그런데 언제부턴가 밥 먹고 나면 방바닥에 엎드려서 쉬고 있더라고요. 이러다 몸이 망가지겠다 싶어서 이제 진짜 소파를 사려고 해요. '이거다!' 싶은 소파가 어서 제 눈에 보이길 바라고 있어요.

작업실이 성수동에 있다고요. 집의 시간과 작업의 시간이 잘 구분된 편인가요?

결혼 전에는 시간 제약 없이 하고 싶은 만큼 꾸준히 일하곤 했었는데 결혼하고 내 집, 내 가족이 생기고 나서 회사원처럼 시간을 정했어요. 9시 출근, 6시 퇴근. 그 안에서 최대한 할 일을 해결하고 되도록 시간에 맞춰 퇴근해요. 아침잠이 많아서 결혼 전엔 늦게 출근하고 늦게 퇴근했는데, 남편이 워낙 일찍 일어나는 편이라 함께 출근하는 패턴을 따르고 있어요. 평일 아침은 정말 간단히 먹거나 안 먹고 출근해요. 예전에는 혼자 하는 일이 많았다면 점점 더 다른 분들과 함께할 일이 많아졌어요. 사실상 작가라는 직업이 9시 출근, 6시 퇴근하는 분들이랑 할 일이 많아요. 잠결에 전화를 받지 않아도 되는 게 생각보다 좋더라고요. 좋은 컨디션으로 다른 사람들과 의논하고 남은 시간엔 제 작업을 하는 패턴이 이제 좀 자리를 잡았어요. 일이 끝나면 저녁을 어디서 먹을지 먼저 정해요. 외식하기로 하면 먹고 집에 와서 쉬는 편이고 집에서 저녁을 먹는다면 간단하게 장을 보고 집에서 차려 먹죠. 요리하고 넷플릭스를 보면서 저녁을 먹고, 치운 뒤에는 계속 휴식이에요. 오늘 뭐 했는지, 어떤 일은 처리가 되었는지, 가볍게 수다 떨고 멍하니 쉬죠.

주말은 뭘 하며 보내요?

늦게 일어나서 아침 겸 점심을 먹고 커피를 먹으러 나가요. 남편은 월화수목금토일 아침에 일어나면 씻고 외출복으로 갈아입어요. 침대에서 뒹굴뒹굴하는 걸 전혀 안 하고, 늘 나갈 준비가 되어 있다 보니 잠깐이라도 외출을 하게 돼요. 글루와 뛰어다니면서 놀고 주변 산책도 하고요. 광호 작가님과 어우러지다가 동네 아는 분들이 생겨서 그 집에 놀러 가거나 놀이터에서 만나기도 해요.

용도는 쓰기 나름

1 **낙타 받침대** 일러스트 작업 하는 김수진 작가님이 만든 건데 본래 달걀을 놓는 용도였어요. 저는 주로 머스터드와 케첩을 놓아 사용해요. 2 **백경원 작가의 도기 문구류**로 만들어진 건데 저는 가벼운 식기로 써요. 야채 스틱 등을 넣어 사용해요. 3 **boiida MAT** 말뫼에 사시는 신서영 디자이너가 만든 패브릭이에요. 신혼여행 갔을 때 댁에 방문해서 갓 나온 물건을 샀어요. 4 **양초꽂이** 최수진 작가가 만든 것으로 작은 양초를 꽂아 쓰고 있어요. 5 **고양이 그림 컵** 차 도구를 주로 만드는 토림도예 작품이에요. 제가 생각하는 귀여움이랍니다. 6 **재료스튜디오의 사각 도기** 김누리 작가가 만든 것으로, 넓은 부분에는 전 종류를 담고, 동그란 부분에 소스를 넣고 써요. 원래 이 용도는 아닌데 매치하는 게 재미있어요.

평범함도 아름다움이 될 수 있어

10년 동안 못을 주제로 작업하고 있어요.

부업으로 하던 인테리어 일의 비중이 커지면서 2년 정도 적극적으로 작업을 못 했어요. 작업을 안하니까 인테리어 일도 재미가 없어서 못 하겠더라고요. 본업으로 돌아오면서 못을 다시 만들어요. 다른 점이 있다면 그 전에는 기능보다는 설치 미술로 못을 만들고 액자화하고 가구화하는 등 전시에 맞는 작업을 주로 했어요. 좀 쉽고 제대로 하려니 큰 것부터 하기 부담스럽더라고요. 자연스럽게 작은 못, 일반적으로 쓰이는 못 자체를 만들기 시작했어요. 주로 황동을 사용하는데 다른 못에 비해 비싸고 다루기에 아주 쉬운 형태는 아니지만 쓸 수 있는 거라서 공예의 영역에 들어가요. 공예라는 틀에서 조금 벗어나 생각하는 편인데 기능이 있다 보니 자연스럽게 쓰임과 접목이 되었어요.

못의 질감이 정형화되지 않아 유니크해요. 만드는 방식이 궁금해요.

저는 주물 방식으로 못을 만드는데, 보통 반지를 만드는 방법과 같아요. 다양한 형태를 만드는 데 아주 유용한 방식이에요. 주물이 좋은 이유가, 보통의 금속 작업은 처음부터 금속을 만지거든요. 금속을 때리고 자르고 성형을 해서 결과물을 내는데 주물 방식은 이걸 만들기 위해 다른 소재로 원형을 만들어요. 자연물, 왁스라는 정식 방식 외에 점토, 나무 등 어떤 형태를 만드느냐에 따라 다른 소재로 원형을 제작하죠. 그런 다음 실리콘으로 본을 뜨면 원재료의 물성과 질감이 고스란히 남아요. 그곳에 금속을 넣어요. 금속은 가장 마지막에 들어와서 결과물이 되는 거예요. 이 결과물이 나오기 위해서 원형에 훨씬 많은 노력을 들이는 방식이고, 과정에 따라서 결과물이 판이하게 달라지기 때문에 제가 담고자 하는 스토리 방식과 잘 맞았어요.

그 방식 때문인지 금속의 차가움보다 다정하고 섬세한 손길이 더 크게 와닿아요.

주물 방식이 매력적인 게 금속을 위해 작업을 한다기보다 형태가 우선이고 재료가 금속일 뿐이에요. 그러다 보니 손으로 빚은 듯한 세밀한 형태가 나오는 거고요. 어떤 건 주물에서 나오자마자 완성품이 되고, 어떤 건 부분부분 다듬어서 완성돼요. 깔끔하게 떨어지는 극상의 손기술은 정말 존중하는 부분인데 제가 차갑게 마감되는 금속을 안 좋아해요. 일괄된 마감도 선호하지 않아서 마감 정도를 조절하는 편이죠. 빛을 받

을 때 자연스럽게 광이 나는 느낌이 좋아서 군데군데 도장을 했더니 초기에는 마감이 덜 된 거로 느낀 분도 있었어요.

작가님이 생각한 못의 매력은 뭔가요?

못을 통해 익숙함에 묻혀버린 평범한 존재를 생각했어요. 처음에는 미적인 기준에서 선택한 건 아니었는데 하다 보니까 미적인 기준에서도 아름답게 표현이 되더라고요. 못이 숨겨져 있으니까 밖으로 내보내면 사람들이 이걸 보고 느끼는 게 있지 않을까 싶어서 저만의 아름다움으로 만들었더니 거기서 감명을 받는 분들이 생겼어요. 아름다움은 해석하기 나름이라고 생각해요. 예를 들어 이 접시의 뒷면 글씨가 마음에 들어 산 사람은 뒤집어 쓸 수도 있으니까요. 딱 떨어지지 않는 못의 형태도 매력적이에요. 벽에 걸려 실제로 사용되었을 때 신선함도 있고요. 예전에는 아까워서 오브제로만 두는 분이 꽤 많았어요. 이제는 실제로 쓰려고 사는 분들이 생기면서 더 흥미로워요. 해석의 여지가 많다는 점도 재미있어요. 못을 센 작업으로 해석하는 분도 있고, 종교적으로 영감을 받는 분도 있고, 남성의 작업으로 여기는 분도 있어요. 제가 의도한 거처럼 못이 단순히 못이 아닌 걸 보는 게 즐거워요. 용도와 의미가 확장돼 가는 걸 보면서 이게 자리 잡으면 그다음 이어지는 제 작업의 이해를 도울 거 같아요. 앞으로 다른 작업으로 폭이 넓어지더라도 못은 계속 안고 가고 싶어요. 가끔 덫처럼 느껴지기도 하지만요(웃음). 요즘은 가볍게 사용할 수 있는 후크나 자석같이 조금은 이해가 쉬운 영역의 작업도 하고 있어요.

작업은 만드는 이의 세계관과 방향성을 담게 마련이잖아요. 왜 사소하지만 관심받지 못한 '못'에 끌렸을까요?

유년 시절부터 지금까지 변하지 않는 성향이 있다면 남을 돕는 걸 좋아한다는 거예요. 지금도 제 작업보다 친구 작업을 돕는 걸 더 즐거워하거든요. 미술을 시작하기 직전까지 사회복지 쪽으로 진로를 정했어요. 중고등학교 때 발달 장애 친구들과 한 반에 있었는데, 그 친구들과 짝을 하면서 친구들의 삶을 관심 있게 지켜봤어요. 누군가를 위해 뭐가를 해줄 수 있는 일을 꿈꾸면서 적당히 공부하고 적당히 친구들과 놀고 무리하지 않는 삶을 살았어요. 저는 서울을 벗어난 적도, 유학을 간 적도 없어요. 뒤늦게 미술로 진로를 바꿨지만 부모님이 동의해 주셨고 평탄하고 어긋난 게 없는 조용한 삶을 살았어요. 그러고 보면 제가 못을 선택한 것도 제 성향과 평

범한 삶이 영향을 준 거 같아요. 저도 튀는 아이가 아니었거든요. 극단적인 경험은 거의 없지만 이렇게 사는 삶도 예술을 할 수 있고 사람들에게 설득력 있는 작업을 할 수 있는 아름다운 삶이라 생각해요. 중심이 아닌 다양한 존재들이 우주의 각 별처럼 저마다 특징이 있고 매력이 있고 역할이 있다는 생각을 했어요.

못이 나 같다는 생각을 한 건가요?

요즘엔 그런 생각이 들어요. 사실 이 주제가 남다르지는 않은데 해석할 수 있는 방법에서는 저만의 특징을 보여줄 수 있을 거라는 자신이 조금 있어요.

말 쓸 만하던데?" "잘 만들었더라." "집에 두니 기분이 좋아." 하고 얘기해 주면 동료들이 작업을 유지하게 하는 원동력이 되기도 하죠.

공예라는 말에는 실용성과 장식적인 가치가 모두 포함되어 있어요. 예술로서의 작품, 용도와 기능이 있는 작품 사이에서 어떻게 중심을 잡고 있나요?

굳이 분류를 하자면 제가 하고 싶은 건 예술에 가까운 편이에요. 최근에 느낀 건데 저는 용도만을 위해 만드는 게 어렵더라고요. 만들고 나서 자연스럽게 쓸모를 해석하는 건 잘 맞는데, '어디에 쓰는 그릇을 만들어야 해.' 하면 제약이 생겨버리니까요. 그런데 아트워크도 쓰임이 될 수 있다고 생각

저는 정교한 만듦새와 아름다운 미감의 물건을 가까이에 두면 고단한 삶이 조금 부드러워진다고 생각해요. 작품에 담긴 손맛과 귀한 기운이 내게 쓰이며 나를 소중하게 대해주는 것 같거든요.

저도 동의해요. 필요한 물건의 사진만 가지고 있어도 기분 좋은 타입이었다가 결혼하고 제 취향의 물건을 놓고 직접 써보니까 물건이 주는 위안이 분명 있더라고요. 지인들이 만든 물건을 사용할 때 특히 재미있어요. 얼마나 공들여서 만들었는지 아니까 매력을 느끼면 구매해서 사용하는 습관을 가져보려 해요. 잘 만든 물건을 보면서 저도 많이 배우고 자주 사용하면서 소소하게 행복해지더라고요. 사용해 보고 "정

해요. 가격을 떠나서 도자기를 샀는데 실제로 꽃을 꽂아 쓴다든지, 형태적으로 어떤 역할의 가능성이 보이면 사용하는 편이거든요. 쓰임이 한정적인 단어이고 '쓰임이 있어야 공예지.' 싶으면서도 쓴다는 것이 개인의 영역으로 훨씬 더 넓은 개념으로 확장될 수 있다고 생각해요. 그 개념이 자유로우면 만들 수 있는 형태감도 더 넓을 거 같아요. 얼마 전에 강연을 들으러 갔는데 '감상도 쓰임'이라는 말을 듣고 제가 찜찜해하던 게 내려가는 느낌이었어요. 공예라는 말을 들을 때 제가 민망해하는 부분이 그 지점이었어요. 제가 쓰임을 많이 고려하며 작품을 만드는 작가는 아니거든요. 감상도 쓰임이 된다는 데 저는 동의해요. 제대로 못 만들어서 못 쓰는 물

건을 만들면 안 되지만 쓰임의 용도가 더 열리고 확장되어야 한다고 생각해요.

혼자 작업하는 시간이 꽤 되었죠? 작가로 살아간다는 것엔 정해진 길이 없어요. 막막한 여정에서 스스로 확신을 갖기란 쉬운 일이 아닐 텐데요. 올바른 방향으로 가고 있는지 불안할 때도 있죠?

저는 늘 작업을 하는 분들이 모여 있어야 한다고 생각했어요. 10년 동안 유명한 작가로서의 삶은 아니지만 근처에 꾸준히 작업하는 분들과 건강한 작업의 생태계를 지향하면서 서로 영향을 주고받았어요. 건강한 이론을 주고받는 관계가 있다는 게 큰 도움이 돼요. 제가 잘하면 그분들에게 도움을 주고, 그분들이 잘하면 저도 동기부여가 돼요. 스스로 안도감을 느끼는 건 큰 방황 없이 제가 좋아하는 직업을 선택해서 10년이라는 시간 동안 차츰차츰 알려지고 있다는 점이에요. 그 과정에 힘듦과 불안함은 있었지만 누군가를 위하거나 억지로 하는 게 아니고 제가 하고 싶은 일이라는 게 큰 기록이 아닌가 싶어요.

그 과정에서 찾은 나에게 맞는 속도, 나다운 작업이 있을 거 같아요.

행동은 되게 단조로운데 늘 생각이 많은 편이에요. 어떻게 만들지, 어떤 형태로 만들지, 왜 만들지 오래 생각하고, 거르고 거르다가 진짜 만들어야 하는 순간이 왔을 때 좋은 아이디어가 나오더라고요. 집에서 아무것도 안 할 때 그런 생각이 주로 나와요. 떠오르는 아이디어를 스케치하는 편은 아니에요. 제 손이 머리가 원하는 걸 못 그려줘서 2D에서 전혀 확장이 안 되거든요. 제 작업은 대체로 머릿속에서 시안 작업을 하다가 바로 형태를 만드는 식이에요. 행동은 빠르게 처리되는 편이거든요. 근데 형태가 나왔을 때 보완하는 방식이라 돈이 많이 들어요(웃음). 스케치로 자세히 구상해 보면 시행착오가 덜한데, 물건을 만들면서 수정하는 편이라서요. 또 제가 중요하게 생각하는 지점은 제 거가 뭔지를 잘 고민해서 저만의 영역을 만드는 거예요. 제 작업에서 다른 누군가의 색이 읽히는 걸 굉장히 경계하는 편이에요. 누구와 비슷한 작업을 하지 않아야 오래간다고 생각해요. 평소에 많은 자료를 보는데 다른 사람의 것을 함부로 가져오지 않으려고 많이 노력해요. 시각적으로 보이기 위한 작업에는 허점이 있고 허투루 하지 않는 게 당장은 느려 보이지만 길게 봤을 때 불가피한 작업 없이 제 작업으로 쭉 갈 수 있는 길이라 여겨요. 이제 제 경력과 나이가 젊은 작가에서 중견 작가로 넘어가는 과도기라 고민이 많은데요, 주류는 확실히 아니고 작업을 꾸준히 해야 하는 나이죠. 작업 경력과 나이대에 어울리는 작업이라는 것도 있는데 너무 내 속도만 따르니까 타이밍을 놓친 게 있더라고요. 생각을 좀 줄이고 내보이지 않더라

도 일단 좀 만들어 보려고 해요. 작업하는 시간만큼 만들고 싶은 걸 생각하는 데 시간을 쓰고, 그게 다 머릿속에만 있다는 게 장점이자 단점이에요.

요즘 관심사는 뭐예요?

주말에 쉴 수 있는 환경이 된 지 1년이 채 안 되었어요. 계속 일하러 나가다 보니 초반에는 집에 신경을 많이 못 써서 지금보다 물건이 더 없었죠. 요즘에는 건강하게 정신을 유지하면서 잘 쉬는 법에 관심이 많아요. 예전에는 나만 잘 살면 된다, 내 것만 중요하다 생각했는데, 세상이 어떻게 돌아가는지 관심이 생기면서 뉴스도 많이 보게 돼요. 제 경력이 늘어날수록 불가피하거나 자연스럽게 사회에 관심을 갖게 되는 직업 같아요. 단순히 제 애기를 하는 직업이지만 그럼에도 불구하고 사회적으로 줄 수 있는 영향력이 있다는 생각이 점점 들어요. 제가 주로 작업하는 주제가 중요한데 숨겨져 있는 것들, 가치를 제대로 인정받지 못하는 것들이잖아요. 지금은 물건에 초점을 두고 있지만 우리의 인식이나 행동까지 무형의 작업으로 확장할 수 있다고 생각해요. 사회 속에서 놓치는 것이 있는지, 그걸 어떻게 제 작업으로 풀어 화두를 삼을 수 있을지 고민하고 있어요.

또 어떤 작품을 기대하면 될까요?

요즘 시도해 본 실험으로 특수 코팅한 테이블이 있어요. 종이로 모델링 해보려고 했는데 시간이 없어서 집에 있는 와인 쇼핑백으로 다리를 붙이고 코팅을 했어요. 강도가 얼마나 나오는지 테스트 중이에요. 못과 관련된 건 계속하고 액자 작업도 해보고 싶어요. 액자를 만드는데 사진을 위한 액자가 아니라 액자 자체가 작업이 되는 과정, 혹은 못을 위한 액자, 두 가지 사이에서 고민하고 있어요. 그리고 앞으로는 볼륨이 큰 작업을 하려고 해요. 사이즈에 맞춰서 들어갈 수 있는 영역이 다르니까요.

10년 뒤의 작업과 생활이 어떤 모습이면 좋겠어요?

이름이 평범해서 아쉽지만 이윤정이라는 이름을 떠올렸을 땐 지금보단 더 풍성한 이야기가 있는 작가였으면 좋겠고, 작업의 세계에서 앞으로 할 사람들, 저보다 더 오래 한 분들에게 긍정적인 영향을 주면 좋겠어요. 생활은 확장하고 싶은 욕심이 없어요. 온전한 휴식을 줄 수 있다면 굳이 이사를 하진 않을 거 같아요. 저희는 아직 아이를 낳을 생각은 없어요. 아이가 없다면 저에게 온전히 집중해서 살고 있을 거 같은데 아이가 생긴다면 어떻게 달라질지는 모르겠어요.

이토록 아름다운 못이라니

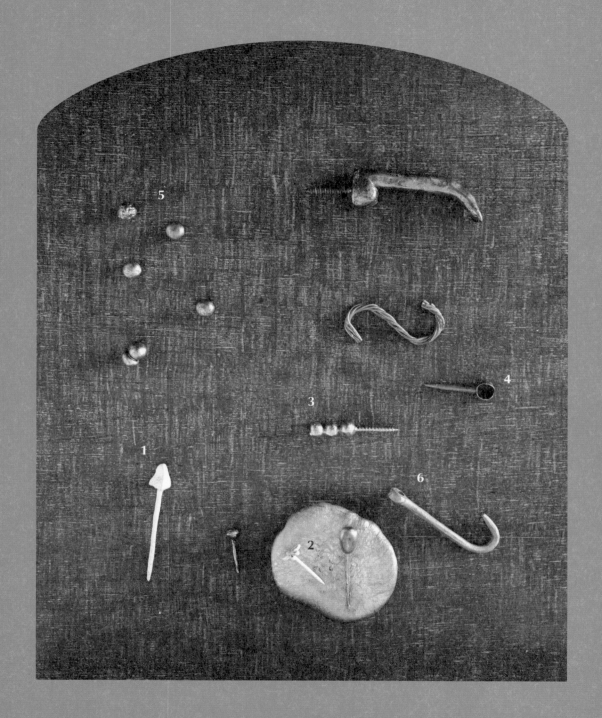

1 삼각머리 못, 2 꽃 모양 못, 3 머리가 세 개인 못, 4 찌그러지는 못 못들은 모두 벽에 박아 사용할 수 있어요. 콘크리트, 나무, 석고 벽인지에 따라 박는 법이 조금씩 다르지만 황동 못은 대체로 철 못에 비해 무른 성질이기 때문에 미리 구멍을 내면 좋아요. 생김새나 길이에 따라서 묵직한 열쇠고리를 걸거나 가벼운 종이를 고정한다든지 용도는 자유로이 확장하면 좋겠어요. 5 자석들 못을 만들다가 못을 사용하기 어려운 환경인 분들이 아쉬워하는 모습을 보고 가볍게 만들어본 작업이에요. 6 못과 함께 쓰는 고리 못의 액세서리 개념으로 못과 함께 사용하면 활용도가 높아요.

Let's Dance, Draw, And Be Happy

춤을 추는 것처럼

함께 있는 동안 아방은 몇 번쯤 어깨를 으쓱했다. 한쪽 어깨를 올리거나 골반을 퉁기면서 리듬을 타는 것이었다. 촬영한다고 이야기하지 않아도 먼저 저 멀리 달려가 포즈를 잡고, 가방에서 책을 꺼내 소품으로도 쓰고, 쓰러진 나무 위에 올라 아이처럼 뛰기도 했다. 자유분방한 그녀와 함께하는 내내 사위엔 생기가 가득했다. 주변의 모든 정물이 춤을 추는 듯 넘실거렸다.

에디터 이주연 포토그래퍼 김연경

뻔하지 않아서 아름다운

생활과 예술이 공존하는 공간이네요. 초대해 줘서 고마워요.
작업을 하다 보면 금방 어질러져서 어수선한 곳이에요. 손님이 온다고 해서 열심히 치웠죠(웃음). 사용하던 작업실을 정리하고 요즘은 집에서 작업하고 있어요. 작업은 어질러놓고 하는 게 편한데 그림이나 재료가 쌓이면 다 버리고 싶어져서 얼른 작업실을 구해야 할 것 같아요. 작업 공간과 주거 공간을 명확히 분리하지 않아서 조금 부끄럽네요.

아방의 색깔이 군데군데 묻어 있어서 좋은걸요. 만나서 반가워요.
안녕하세요. 일러스트레이터 아방이에요. 아방이란 이름은 고등학생 때 '어벙하다'고 친구들이 붙여준 별명인데, 지금까지 쓰고 있네요. 그 이름이 워낙 강렬해서 친구들, 선생님, 심지어 친구네 부모님들도 저를 아방이라고 불렀어요. 학년이 바뀌어 새 친구들을 만나도 "네가 아방이야?" 하더라고요(웃음). 이름보다 아방으로 더 많이 불려서 아마 본명으로 활동했다면 지인들도 저인 줄 잘 몰랐을 거예요. 근데… 혹시 지금 사진도 찍나요?

그러려고 하는데 불편하신가요?
아니요(웃음). 모자를 좀 쓰려고요.

얼마든지요.
모자를 좋아하거든요. 사진 찍을 때 쓰려고 준비해 뒀어요. (거울을 보고 모자를 쓴다.)

오늘 신은 스타킹이랑 잘 어울려요. 10년 차 일러스트레이터의 내공이 보이는 것도 같고요.
그러고 보니 벌써 그림을 그린 지 10년이나 됐네요. 제 전공은 환경디자인이었어요. 복수전공으로 시각디자인을 배워서 첫 사회생활은 디자인으로 시작했죠. 다른 디자인 회사로 이직을 준비할 때 비전이 뭐냐는 질문을 들었는데요. 그때 회사에서는 제 비전을 찾을 수 없다는 걸 깨달았어요. 디자이너로서 커리어를 쌓는 데도 크게 관심이 없어서 다른 일을 생각해 봤지만 뾰족한 수가 없더라고요. 그래도 회사 생활을 계속하는 건 아닌 것 같았어요. 회사 일을 해주고 딱 그만큼의 돈을 받으려고 매일 똑같은 시간에 출근하고 싶진 않았거든요. 그렇다고 철저히 준비하고 회사를 뛰쳐나온 것도 아니었죠(웃음).

그럼 어떻게 그림을 그리게 됐어요?
회사를 다니면서 취미로 밴드를 했는데 그때 함께하던 멤버들이 제 그림으로 굿즈를 만들자고 제안한 적이 있어요. 따로 일러스트레이터를 구하기는 어려우니까 그림 그리는 걸 좋아하는 저한테 티셔츠 만들자, 포스터 만들자, 하면서 이것저것 요청한 거죠. 그 제안이 재미있게 느껴져서 그림으로 다양한 작업을 하게 됐어요. 그러다 문득 이걸로 돈을 벌 수 있지 않을까 싶더라고요. 멤버들은 제 그림을 예쁘다고 하는데 과연 다른 사람들도 그렇게 생각하는지 궁금했어요. 그래서 제 그림이 팔리는지, 이걸로 돈을 벌 수 있을지 궁금한 마음에 그림을 그려서 이것저것 만들기 시작했어요.

반응은 어땠어요?
처음엔 지인들이 관심을 가지고 하나둘 팔아주니까 괜찮더라고요. 그래서 자신감을 얻고 마켓에 나갔는데 참패를 당했어요. 단 하나도 못 팔았거든요(웃음). 주변에 있던 셀러들이 몇 점 팔아 준 게 전부였죠. 마켓을 마치고 4천 원짜리 핫도그를 하나 사 먹고 나니 남는 게 없더라고요. 제 그림 실력 때문이기도 하겠지만, 어울리지 않는 그림을 갖고 나가서 더 그랬던 것 같아요. 가족이 타깃인 마켓에 속옷만 입은 배트맨 그림을 내놨으니 잘 팔리는 게 이상하죠(웃음).

일러스트레이터로서 첫 시도가 지지부진해서 한 발 더 내딛는 데 용기가 필요했을 것 같아요.

그래도 몇 번은 더 해야만 했어요. 퇴사하면서 엄마한테 그랬거든요. '두 달 동안 50만 원을 벌면 조금만 더 하게 해달라'고요. 지인들의 도움으로 무려 100만 원이나 벌었지만 도움 없이 스스로 해보겠다고 나간 마켓의 결과를 보니 좀 막막했어요. 일러스트레이터로 살아가는 게 쉽지만은 않다는 걸 실감한 거죠. 그래도 엄마한테 해놓은 말이 있으니 후퇴는 못 하겠고… 몇 개월만 더 버텨보자는 마음으로 부딪치

게 예쁜 건지 그 기준은 잘 모르겠지만, 눈이 크고, 머리가 길고, 얼굴이 작은 사람의 형태는 아니었던 거죠.

왜 좋아하지 않았어요?

첫째는 뻔해서요. 많은 사람이 예쁜 걸 좋아하는데 예쁜 것들은 대개 뻔하더라고요. 사람들은 왜 뻔한 걸 좋아하지, 싶은 마음에 저는 예쁜 그림에서 좀 멀어지고 싶었어요. 대다수가 좋아하거나 아름답다고 생각하는 것을 제가 또 그릴 필요는 없다는 생각도 들었고요. 둘째는 제가 잘 못 그린다는 걸 알기 때문이에요. 저는 그림을 전공한 사람도 아니고, 묘사나 세밀화는 저보다 잘하는 사람이 훨씬 많거든요. 그런 사람들 사이에서 살아남기 위해선 틈새시장을 노려야 했어요. 저는 최대한 '이상하게' 그려보자 싶었죠(웃음).

니까 그래도 반응이 있더라고요. 사실 생각보다 반응이 빠른 편이었어요. 그림을 그리고 6개월 만에 첫 작업을 의뢰받았거든요. 그땐 정말 기뻤죠.

초기 그림은 어떤 스타일이었어요?

저는 예전이나 지금이나 주로 사람을 그려왔어요. 사람을 그리기 시작한 건 사람의 모습이나 형태에 관심이 있어서였어요. 주로 여행지에서 만난 사람들을 그리곤 했죠. 스타일을 생각하면서 그린 건 아닌데, 하나둘 그림을 쌓아가다 보니 제 그림이 좀 못생겼다는 걸 알게 됐어요. 못 그리는 거랑은 별개로 사람의 모습이 예쁘지가 않더라고요. 생각해 보면 어릴 때부터 예쁘장하게 그리는 걸 좋아하지 않았어요. 어떤

용기 있는 시도인걸요. 걱정은 없었어요?

없었어요. 사람들이 제 그림을 좋아하고 말고를 생각할 겨를이 없었거든요. 기존에 이미 만들어져 있는 시장에 제 자리를 마련해야 한다는 데만 집중했어요.

내 그림을 믿었기 때문에 할 수 있던 일은 아닐까요?

만일 그랬다면 그 믿음은 지인들이 만들어 준 걸 거예요. 제가 아직 자리를 잡지 못한 시기에도 "네 그림은 희한해. 그래서 좋아."라고 말해줬거든요. 전문적이라거나 잘한다는 말은 아니었지만 오로지 제 그림을 좋아하는 사람들이 있다는 것만 믿고 부딪쳐볼 수 있었어요.

가장 은밀한 무표정

10년의 세월 동안 작업에도 변화가 있었을 것 같아요.

생각은 수도 없이 바뀌었어요. 예전이나 지금이나, 말하자면 못생긴 그림을 그리고 있는데 예전엔 지금에 비해 좀 귀여운 면도 있었거든요. 사람들이 밝고, 따뜻하고, 귀엽다고 생각하는 그런 면이요. 근데 어느 순간 그런 그림에서 한계를 느꼈어요. 그러면서 좀 지겨워졌죠. 그때 그림 스타일이 180도 달라졌는데, 새 스타일을 연습하는 동안 꼭 갑각류가 탈피하는 듯한 느낌이 들었어요. 스타일이 바뀌면 반응이 오기까지 시간을 좀 두어야 해요. 보는 사람들은 익숙한 것도, 기대한 것도 아니다 보니 '이게 뭐야?' 하게 되거든요. 충분히 각오하고 변화를 준 건데도 반응을 기다리는 게 참 외롭더라고요. 하필 겨울이라 더 길게 느껴지기도 했고요.

의도적으로 스타일을 바꾼 건가요?

그보다는 그림 안에 담고자 하는 이야기가 달라지면서 자연스럽게 스타일도 바뀐 것 같아요. 처음엔 마냥 뻔한 게 싫고 '조금 이상하면 어때' 싶은 마음이었는데, 예쁜 것에서 멀어지려 하다 보니 진짜 아름다움이 뭘까 자주 생각하게 되더라고요. 제가 내린 결론은 단지 겉모습, 형태에 관한 것만이 아니라 당당함, 자신감, 자기다움이랑 연결되는 가치인 것 같았어요.

생김새 너머의 것을 표현한 거군요.

그렇죠. 세상에는 겉모습만으로 편견을 가지거나 판단하는 사람이 생각보다 많아요. 옷차림이나 목소리, 신체 특징 같은 걸로 누군가를 쉽게 단정 짓는 거죠. 저는 타인의 일면만 보고 판단하는 데 예민한 편이에요. 어느 한순간의 겉모습으로 파악하는 걸 좋아하지 않아서, 아니 싫어서 외면이 전부가 아니라는 이야기를 그림에 담고 싶었어요. 말로 하는 건 어렵지만 그림으로는 눈을 교란할 수 있어서 돌려 말할 수 있거든요. 이런 메시지를 그림으로 자꾸 접하다 보면 사람들도 서서히 함부로 단정 짓는 습관에서 멀어지지 않을까 싶었어요. 동시에 제 내면도 단단해질 거라 생각했고요.

그렇게 변한 그림에 특징이 있다면요?

우리는 다 다르지만 모두가 각자의 삶을 충실히 살고 있다고 생각해요. 그래서 가장 나답게 사는 게 가장 아름다운 게 아닐까 싶더라고요. 그 개인적인 아름다움을 표정으로 보여주고 싶었어요. 예전 그림들도 대부분 무표정했지만, 새로운 스타일은 동작보다 얼굴에 포커스를 두어서 무표정이 더 잘 드러나게 했어요. 저는 인물의 이야기나 감정이 표정으로 다 읽히는 게 달갑지 않아서 극적인 표정은 잘 그리지 않아요. 결국 표면적인 걸 그리는 데서 벗어나고 싶다는 마음이 컸던 거죠.

이야기를 담는다고 했지만 드러내기보단 숨겨둔 거군요.

맞아요.

그런데 최근 작업에선 미묘하지만 표정이 보이기도 해요.

예리하네요(웃음). 제 감정이나 기분을 그림에 담으려다 보니 무표정에도 미묘한 분위기가 생기더라고요. 아마 표정이 아니라 분위기가 보이는 걸 거예요. 특히 눈빛에 변화가 생겼어요. 이즈음 감정에 관심이 생겨 그림 그리는 친구들에게 '작업의 원동력이 되는 감정이 무엇인지'를 많이 물어보았는데요. 우울함, 행복, 슬픔 등 다양한 답이 있었는데, 전 반항심이었거든요. 사람들이 마음대로 저를 평가하지 않길 바라는 마음에서 비롯된 거였죠. 제가 하는 일에 훼방 놓지 않았음 좋겠단 생각도 있었고요. 사실 훼방 놓는 사람이 없어도 제가 무언가에 흔들릴 때면 그런 반항심이 생겨요. 그때마다 가장 나다운 것에 대해, 온전한 나에 대해 많이 생각했어요. 그러다 보니 '나에게 주어진 시간을 남과 비교하며, 남을 쫓아가며, 남에게 지지 않기 위해 살진 않겠다.' 그런 마음을 담아 그리게 되더라고요.

가장 나다운 걸 그린다는 건 '진짜 나'가 무엇인지 안다는 뜻인가요?

아니요. 저는 존재를 잘 알아서 표현하는 게 아니라, 그때

그때의 저를 그리는 거예요. 그 순간, 그 시기에 제가 품고 있는 생각들이요. 정확히는 변하지 않는, 온전한 저를 그리는 건 아닌 거죠. 그래서인지 그림의 느낌이 매번 달라져요.

그런데도 귀엽고 사랑스러운 인물을 그린 적은 없는 것 같아요.
맞아요. 10년 내내 못생긴 사람들만 그렸죠. 사실 제가 보기에는 귀엽고 사랑스러운데 제 전시를 보는 사람들이 "나도 저렇게 못생긴 그림 그리고 싶다."고 말하는 걸 보고 '음, 내 눈에만 예쁜 건가?' 하고 놀란 적이 있어요. 5-6년 전에는 못생긴 인물들을 통해 못생겨도 즐겁게 살 수 있다는 이야기를 하고 싶었어요. 근데 요즘은 사람을 이루는 요소에 대해 더 많이 생각하고 있어요.

사람을 이루는 요소요?
사람은 여러 경험이 쌓여 만들어진 다면적인 존재예요. 그중 한두 가지만 본다는 건 잘 모른다는 거나 마찬가지죠. 한 사람의 세계는 웬만해선 잘 알 수 없는 것 같아요. 표정이 우울해 보여도 마음은 행복할 수 있고 얼굴이 웃고 있어도 마음은 착잡할 수 있으니까요. 지금 하는 작업은 겉모습의 굴레에서 벗어나 다양한 사람들의 이야기를 표현하고 싶은 마음이 커요. 누군가가 보기에는 이상할지언정 각자의 방에서는 전혀 이상하지 않은 그런 사람들이요.

그림으로 내면을 표현한다는 게 쉽진 않을 것 같아요.
기술적으로 표현하는 건 당연히 어려워요. 거의 불가능하죠. 제가 하는 일은 '내면에 집중'한 상태로 그림을 그리는 거예요. 제가 말하는 내면은 기분이나 감정을 뜻하는데요. 이런 요소는 굳이 어떤 기법을 사용하지 않아도 분위기로 자연스럽게 표현되는 것 같아요. 언젠가 흥미로운 실험 결과를 본 적이 있어요. 어떤 사람에게 자신 있는 옷과 그렇지 않은 옷을 입히고 두 장의 사진을 찍는 거예요. 그러고는 다른 사람들에게 두 장의 사진 중 더 예쁜 모습을 골라 보라고 하는 거죠. 결과가 어떨 거 같아요? 100퍼센트 좋아하는 옷을 입은 사진을 꼽아요. 그 말은 곧 자신감이 외모로 드러난다는 뜻일 거예요. 좋아하는 옷을 입었을 때 만족감과 자신감이 얼굴로 나오고, 좋아하지 않는 옷을 입었을 땐 위축된 마음이 그대로 드러나는 거죠. 저는 이 실험을 자주 생각했어요. 내 기분이나 감정이 분위기로 나온다는 데서 힌트를 얻어 그림의 분위기로 감정을 표현하고자 한 거죠. 근데 재미있는 건 제가 아무리 우울한 기분으로 그림을 그려도 위로받았다, 따뜻하다는 반응을 보이는 사람들이 있다는 거예요. 그런 반응을 보면서 제가 표현한 걸 모든 사람이 알아주길 바라거나, 의도한 것과 다른 반응에 실망해선 안 된다는 생각도 많이 했어요.

누구에게나 겉과 속이 다른 면이 있겠지만 그 안에서도 균형은 찾아야 한다고 생각해요.
맞아요. 저는 겉과 속의 균형을 맞추기 위해 안팎을 골고루 고민하며 지내요. 겉모습을 가꾸기 위해 저에게 잘 어울리는 옷이 무엇이고 제 체형이 어떤지 그때그때 체크하고, 마음을 정돈하기 위해 부끄럽지 않게 행동하려고 하죠. 사람을 어떻게 대해야 할지도 자주 고민하고요.

본능적인 춤

세상엔 눈에 띄는 사람과 그렇지 않은 사람이 있어요. 아방의 옷차림이나 헤어스타일은 확실히 눈에 띄는 편이죠.

저는… 사실 패션을 잘 알진 못해요. 특히 브랜드는 더 그렇죠. 그래도 좋아하고 추구하는 스타일은 있는데, 기본적으로는 단정한 걸 좋아해요. 그렇게 안 보이죠(웃음)? 단정은 단정인데 어느 한 부분이 노출된, 다소 파격적인 단정함을 추구하죠. 딱 떨어지는 차림인데 치마가 짧다든지, 평범한 핏인데 시스루라든지. 이런 스타일을 추구하게 된 건 제 분위기 때문이었어요. 어릴 땐 나이보다 훨씬 어려 보여서 평범하게 입으면 고등학생으로 오해받는 일이 많았어요. 어느 한군데 파격적인 포인트를 주어야 고등학생 이미지도 걷어내면서 제 체형도 돋보이더라고요. 뻔한 게 싫어서 못생긴 사람을 그리는 것처럼 옷차림도 뻔한 게 싫어요. 예상 가능한 전개는 재미가 없고, 재미없는 건 매력이 없거든요. 아! 저는 프레피룩을 좋아해요. 살짝 '까진' 프레피룩이요. 목까지 단추를 다 채운 짧은 기장의 폴로셔츠와 테니스 스커트를 입고 빨간색 스타킹 신으면 너무 예쁠 것 같아요.

나에게 잘 어울리는 스타일이 무엇인지 잘 아는 것 같아요.

어느 정도는요. 저는 쨍한 색감의 옷이 잘 어울려요. 그래서 제 옷장엔 검은 옷이 거의 없어요. 또 콤플렉스를 가리고 자신 있는 부분을 강조하는 식으로 입는 것도 좋아하죠. 저는 제 몸에 좀 민감한 편이어서 체형이 조금만 달라져도 금세 알아차려요. 오랫동안 앉아서 그림 그리는 생활 때문에 체형이 좀 변했는데, 이런 변화도 금방 눈에 들어오더라고요. 언젠가부터 승모근이 조금씩 발달한다 싶더니 목 주변에 근육이 생겼고, 그러면서 목이 두꺼워졌어요. 그래서 몇 년 전부터는 목이나 어깨가 드러나는 옷은 피하게 됐어요.

남들 시선을 의식하지 않고 자유롭게 꾸미는 것 같다는 느낌도 있어요.

겉모습도 그렇지만 행동도 그래요. 저는 실내든 실외든 춤추는 걸 좋아해서 아무 데서나 마음 가는 대로 춤을 춰요. 춤이라기보다는 흥을 표현하는 몸짓인데요(웃음). 얼마 전에 친구

가 '사람들 다 보는 데서 춤추면 안 부끄럽냐'고 묻더라고요. 도대체 무슨 생각을 하고 있는지 궁금하다면서요. 그 말을 듣고 생각해 봤는데, 저는 남들이 저를 쳐다본다는 생각을 잘 안 해요. 어차피 저를 모르는 사람들인데 얼마나 대단한 관심을 갖겠어요. 관심을 가져봤자 "저 사람 신났구나, 웃기네." 하고 지나가겠죠. 제가 그 사람들이 어떤 식으로 걸어다니는지 신경을 안 쓰는 것처럼요.

만일 모르는 사람이 눈앞에서 춤을 추고 있다면요?

응? 상관 안 해요. 너무 좋아요.

역시 아방의 매력은 '당당함'인 것 같아요.

사람들 시선을 신경 쓰지 않고 살면 마음이 편해요. 물론 나름의 기준을 가지고 선을 넘지 않는 한에서 자유롭게 꾸미고

행동한다면요. 제가 춤을 추는 것도 춤추는 걸 너무 좋아해서라기보단 본능적인 거예요. 음악이 들리면 머리로 지시하기 전에 몸이 먼저 움직이거든요. 오랫동안 하고 있는 드로잉 수업에서도 가끔씩 수강생과 춤추는 시간을 가져요. 불을 다 끄고, 음악을 크게 틀고 몸을 움직여보자고 하는 거죠. 수강생 대부분이 취미로 그림을 그리기 때문에 자기 그림을 보이는 데 부끄러움이 많거든요. 손으로 가리고 그리거나 누군가 보려고 하면 숨긴다거나 엄청 작은 그림만 그린다거나…. 그런 부끄러움에서 탈피하려면 본능적으로 행동하는 게 중요하다고 생각해요. 그래서 몸을 좀 움직여보자고 하면 신나게 춤추는 사람은 없지만 조금씩, 찔끔찔끔 움직이더라고요. 그 과정을 거친 사람들에게 눈을 감고 춤추듯 그려보자고, 그림을 그리는 손목도, 연필을 잡은 손가락도 다 춤추듯 움직여보자고 하면 그제야 긴장이 풀리고 자연스러운 그림이 나와요. 나중에 이야기를 들어보면 이 시간을 강렬하게 추억하는 사람들이 참 많더라고요. 그만큼 사람들이 본능적으로 움직이는 데 영향을 받는다는 거죠. 타인의 시선을 의식하지 않고 춤을 춘다는 게 부끄럽고 힘든 일이라는 걸 저도 알아요. 다만, 본능에 따라 움직이는 게 도움 되는 때도 있다는 걸 알려주고 싶어요.

본능적으로 행동하는 게 좋다고 생각하나요?

음… 아뇨. 본능에만 따르면 무슨 짓을 할지 몰라요. 다만, 현명한 사람이라면 나한테 부끄럽지 않은 선에서 본능대로 행동할 거라고 생각해요.

영리하게 기준을 세우는 게 중요하겠네요.

그렇죠. 그 기준은 자기가 세우는 거지만, 저는 남에게 피해주는 행동이 아니라면 대부분 괜찮다고 생각해요. 혹시 하고 싶은데 못 하는 거 있어요?

안 씻고, 추리닝 입고, 머리도 안 빗고 출근하기요.

어? 그게 어려워요(웃음)? 저는 외출하고 나서 '내가 세수를 했나?' 생각할 때도 있는데…. 하지만 제가 할 수 있다고 해서 남들도 쉽게 할 수 있다고 생각하진 않아요. 자기가 받아들일 수 있는 만큼만 당당하고 자유로운 게 중요한 거죠.

본능에 몸을 맡길 수 있다는 건 자신감이 크단 뜻 같기도 해요.

자신감이 크기보단 자신감의 진폭이 큰 사람이에요. 어떨 때는 자신감이 넘치다 못해 흐르기도 하는데, 또 그만큼 자주 잃기도 해요. 저는 제 그림에 애정이 커요. 근데 그거랑 별개로 기준도 엄청 높죠. 다른 사람들 작업을 보면서 제가 부족하다고 생각할 때도 많거든요. 제 그림은 너무 좋은데 동시에 초라하게 느껴진달까요. 멋진 작품을 볼 때마다 시간을 갈고닦아야 저 그림만큼 근사해질 수 있다고 생각하게 돼요.

다만, 무작정 좌절하는 게 아니라 성장하기 위해 하나하나 비교해 가면서 저를 돌아보고 있죠.

자신감을 자주 잃는다는 말은 좀 의외네요.

그렇죠(웃음)? SNS로 보여주는 모습은 대개 당당하고 자신감이 넘칠 때 모습이거든요. 근데 '진짜' 당당한 사람이냐고 제게 묻는다면… 잘 모르겠어요. 저는 저를 잘 모르는 것 같아요.

나 자신을 잘 아는 게 사는 데 도움이 될까요?

아닐 수도 있을 것 같아요. 자기 자신을 잘 몰라도 잘 사는 사람들은 분명히 있거든요. 그런데… 자기를 잘 알아야 잘 살 수 있다고는 말할 수 없지만, 자기를 잘 아는 사람이 못 살 수는 없을 것 같아요.

그럼 나에 대해 더 잘 알고 싶단 욕심이 있어요?

아니요. 그런 욕심은 없는데 요샌 시간이 많아서 저에 대해 어쩔 수 없이 생각을 많이 하게 돼요.

그러면서 나에 대해 좀더 알게 된 부분도 있고요?

평소에 메모를 많이 하는 편인데요. 음…. (메모를 찾는다.) 저는 자신감이 없을 때 주문을 외우거든요. "가장 나답게, 멋있게, 당당하고, 아름답게." 7월 17일에 이 문장이 반복해서 적혀 있는 걸 보니 자신감이 정말 없었나 봐요(웃음). 뭔가 후회되거나 창피한 일이 있을 때면 저는 자신을 독려하는 데 집중해요. '나는 괜찮은 사람'이라고 되뇌는 거죠. 최근에 저를 자세히 관찰하기 시작하면서 마음이 복잡할 때 세수를 오랫동안 안 한다는 걸 알게 됐어요. 그런 패턴을 알고 나니까 세수를 조금이라도 오래 하면 생각하게 되더라고요. '나 지금 뭔가 후회하나?' 하고요.

나를 자세히 관찰하게 된 이유가 있어요?

저는 옛날이나 지금이나 외로움을 많이, 또 자주 느끼는 사람이에요. 외로워서 우울해지고, 축 처지는 날들이 있는데 외로울 때마다 이렇게 구덩이를 파고 있으면 안 된다는 생각이 들었어요. 그래서 일부러 더 많이 생각을 정리하게 됐죠. 정리하다 보면 왜 그런 기분을 느꼈는지, 왜 그런 생각을 하게 됐는지 알게 되고 저 자신을 이해하게 돼요. 그러면서 자연스레 외로움을 극복하거나 다시 힘을 내는 방법도 구체적으로 알게 되죠. 그런 게 좋더라고요.

어떻게 하면 우울감을 떨칠 수 있어요?

예전엔 그림을 그렸는데 그림을 일로 삼으면서부터는 도움이 안 되더라고요. 그래서 글을 쓰기 시작했어요. 달랑 '우울해.'만 쓰는 게 아니라 제 마음속 이야기를 아주 세세하게 적어보는 거죠. 그래서 메모장을 보면 그 시기에 제가 어땠는지 한눈에 알 수 있어요. 메모가 별로 없는 시기는 비교적 편안할 때고, 하루에도 예닐곱 개의 메모가 있을 땐 굉장히 힘든 시기인 거죠.

과거에 쓴 메모를 다시 보기도 해요?

자주 봐요. 거의 10년간의 메모가 저장돼 있는데 해를 거듭할수록 메모가 늘어나요. 지금보다 더 순수했을 땐 무슨 생각을 하고 살았는지 궁금해서 볼 때도 있고, 힘들 때면 이전엔 어떻게 극복했나 알기 위해 찾아보기도 하죠. 이런 생각을 했었나 싶을 정도로 감탄이 나오거나 웃긴 메모도 많아요. 의외로 어린 저에게 배울 게 생기기도 하고요. 과거의 저를 통해 지금의 저를 만들어가는 것 같아요.

나를 알아가면서 '진짜 괜찮은 나'에 대해 생각해 본 적도 있어요?

'진짜 괜찮은 나'가 뭘까요(웃음)? '나'는 그냥 '나'인 것 같아요. 저는 감정에 솔직한 편이어서 긍정적인 감정도 그렇지만 부정적인 감정도 솔직하게 표현하곤 해요. 그래서 찌질한 제 모습도 너무 잘 알아요. 그런 걸 잘 숨기지 못하는 사람인데 과연 내가 '진짜 괜찮은 나'일까, 하는 의문이 드네요. 그래도 친구들을 비롯한 많은 사람이 제 매력을 솔직함으로 꼽는 걸 보면 제 기분을 있는 그대로 표현할 때가 '진짜 나'인 것 같아요. 그래서 누군가와의 연애가 끝났을 때도 미련이나 후회가 거의 없어요. 매사에 후회를 남기지 않고 살아가려는 편이기도 하고요.

좀 짓궂은 질문이지만… 그런데도 후회한 일이 있다면요?

음, 없는데…. 아! 런던에 유학 갔던 시절이요. 그땐 마음이 너무 힘들어서 빨리 벗어나고 싶다는 생각만 했거든요. 친구들이 저에게 부럽다고 할 때마다 의아했어요. 매일 똑같은 집, 똑같은 길, 똑같은 풍경만 맴도는데 런던이 뭐가 부럽나 싶어서요. 매사에 부정적이던 시절이라 거의 매일 투덜댔고 침대에 누워서 며칠 내내 울면서 지내기도 했어요. 그 시기에는 이겨내고 싶다는 마음조차 없어서 꾸역꾸역 시간을 보내고 한국에 돌아왔죠. 근데 지금 생각하면 런던에서의 스물아홉, 서른을 더 행복하게 즐기지 못한 게 제 인생에서 가장 아쉽고 후회스럽더라고요.

그때로 다시 돌아간다면 어떨 거 같아요?

만끽하고 싶어요. 그때도 알고 있었어요. 다 지나고 나면 이 시간을 그리워하게 될 거라는 걸. 아는데도 당장 너무 싫으니까 그 감정을 어쩔 수가 없었어요.

아무리 힘들어도 나중엔 지금이 소중해진다는 건가요?

웬만큼은요.

그렇다면 매 순간이 소중하지 않을 수가 없네요.

그렇네요.

미완성과 완성 사이

삶의 균형을 무너뜨리는 스트레스 이야기를 해보고 싶어요.
스트레스요? 많이 받아요. 사람들한테도 받고, 일할 때도 받고, 마음이 복잡할 때도 받고…. 특히 인간관계에서 오는 스트레스가 커요. 모르는 사람의 시선을 신경 쓰지 않는 대신 그만큼 아는 사람의 시선을 신경 쓰거든요. 왜, 그런 말 있잖아요. 나이를 먹을수록 인간관계를 하나둘 정리하게 된다는…. 제 경우엔 스트레스받는 관계가 정리되는 것 같아요.

어떤 관계에서 스트레스를 받아요?
자기 생각만 하는 사람한테요. 근데 그런 사람 대부분이 자기만 생각한다는 걸 잘 모르더라고요. 지금 남아 있는 친구들은 제가 시쳇말로 '설치고' 다녀도 웃으며 봐줄 수 있는 사람들이에요. 아무 데서나 춤추고, 희한한 머리를 하고, 좋아하는 옷을 마음껏 입어도 개의치 않고 '아방은 아방이니까.' 정도로 생각하는 사람들이죠. 오해하지 않고 있는 그대로의 저를 봐주는 사람들이 좋아요. 이야기하다 보니 제 스트레스는 주로 오해에서 비롯되는 것 같아요.

스트레스를 해결하는 데는 쉬는 게 도움이 된다더라고요.
저는 얼마 전까지만 해도 쉴 때 뭘 해야 하는지 잘 몰랐어요. 시간이 나면 널브러져 쉬지 못하고 운동이나 독서, 영어 공부 같은 걸 공격적으로 하는 편이었죠. 이전엔 운동을 꽤 열심히 했는데 여기저기 다치면서 최근엔 그것도 쉽지 않아졌어요. 운동하다 다치고, 자전거 타다 다치고, 그림 그리다 어깨 다치고, 다친 델 다시 다치고…. 한번은 계단을 내려가다 발목을 다친 적이 있는데, 여러 번 접질린 곳을 다시 다친 거여서 2년 가까이 제대로 걷지를 못했어요. 그러다 보니 자연스럽게 무릎도 고장 나고, 골반 상태도 나빠지고…. 아직도 깨끗하게 낫질 않았죠. 몸을 써서 기분을 전환하던 사람인데 지금은 스트레칭 말곤 할 수 있는 게 없어요. 이 정도까지 나아져서 다행이라고 생각하지만 몸이 아파 쉴 때 뭘 해야 할지 몰라서 난감했죠. 몇 년 동안은 제대로 걷지도 못하고 그림도 마음껏 못 그렸거든요. 지금도 비슷하고요.

몸이 아프면 우울해지잖아요. 일하는 데도 지장이 크겠어요.
스트레스를 많이 받았죠. 근데 그림을 못 그려서 오는 스트레스보다 운동을 못 해서 오는 스트레스가 더 컸어요. 저는 걷는 것보다 뛰는 걸 좋아하는 사람인데 그런 생활이 전혀 안 되니까 우울해지더라고요. 제대로 움직이지 못해서 살이 찌거나 몸이 붓기도 하고, 그러다 보니 자연스럽게 거울 보는 게 스트레스가 되었어요. 몸을 제대로 움직이지 못하니까 그 여파로 많은 게 나빠지더라고요. 일상생활이 어려워지면서는 일하는 게 다 뭐냐는 생각도 들었어요. 취미가 대부분 활동적인 것들이어서 그 시기엔 따로 할 수 있을 만한 것도 없었죠.

제가 숨이 가빠진 채 헉헉대고 있더라고요. 그 경험을 지금도 잊을 수가 없어요. 흠뻑 빠져서 그린 그림이라는 게 다른 사람 눈에도 보였는지, 한 유명 배우가 그 그림을 보고 자기 얼굴 그림을 의뢰해 오기도 했어요. 여러 문제로 작업이 진행되진 않았지만 진심이 깃든 작업은 보는 사람도 느낄 수 있다는 걸 실감한 경험이었어요.

그림을 그린 지 10년이 되었는데 또 다른 일을 하고 싶다는 생각은 없나요?

다른 걸 해볼까 싶어서 작년에는 많은 일에 도전해 봤어요. 타투도 배우고, 웹드라마 시나리오도 쓰고, 영상 편집도 해 보고, 판화도 배우고, 큐레이토리얼도 배웠어요. 근데 그러고 나니 오히려 그림에 애정이 더 커졌어요. 보상을 바라지 않고 온전히 마음을 담아 소중한 시간을 할애할 수 있는 건 그림뿐인 것 같아서요. 지금은 그림에게 고마운 마음도 들고, 계속 열심히 그려나가고 싶어요. 작년에 배운 것들은… 취미로만 하려고요(웃음).

지금껏 10년을 쉬지 않고 달려왔으니 앞으로의 10년도 상상해 볼까요?

잘나가는 엄마가 되어 있으면 좋겠어요.

엇?

제 아이를 갖고 싶어요. 아이가 생겨야 비로소 제2의 인생이 시작될 거라고 믿거든요.

결혼에 긍정적인가 봐요.

네. 안 그래 보이죠(웃음)? 지금의 저는 과도기에 있는 것 같은데, 10년 뒤에 아이와 함께일 저를 상상하면 완성된 제 모습이 그려져요.

그때가 되면 행복할까요?

행복하든 그렇지 않든 그렇게 살아보고 싶어요.

어떻게 극복했어요?

이것저것 많이 상상했어요. 잘 쉬는 법을 모를 때니까 '이런 공간이라면 나도 잘 쉴 수 있을 것 같다.'든지, '내가 편안하게 쉴 수 있다면 아마 이런 모습일 거다.' 하고 상상하면서 조금씩 그림을 그렸죠. 그렇게 그린 그림들을 나중에 《더 포스터 북》으로 엮기도 했고요. 그 그림들 덕분인지 이젠 아주 잘 쉬게 됐어요. 오히려 하루의 80퍼센트를 쉬면서 보내는 것 같아요(웃음).

쉴 땐 주로 무엇을 해요?

아무 생각도, 자극도 없이 쉬고 싶을 땐 티브이를 봐요. 감정에 요동이 있거나 마음이 싱숭생숭할 땐 음악을 듣고요. 요새는 김사월 음악을 집중해서 듣고 있는데요. 노랫말이나 멜로디에서 저랑 결이 잘 맞는 부분이 있다는 생각이 들어서 계속 반복해 놓고 듣고 있어요.

음악에서 작업의 영감을 받을 때도 있어요?

많아요. 한번은 음악을 듣고 미친 듯이 그림을 그린 적이 있어요. 지금 김사월의 노래가 그런 것처럼 그 당시엔 서사무엘 노래가 제 마음과 똑같다고 느꼈거든요. 그걸 들으면서 5시간 정도 꼼짝 않고 그림만 그렸어요. 멈출 수가 없었어요. 다 그리고 연필을 딱 놓는데 그 순간 전화가 왔어요. "여보세요?" 하니까 전화를 건 친구가 그러는 거예요. "운동했어?"

다섯 시간 동안 작업에 매달리다 정신을 차리니 숨을 헉헉 몰아쉬고 있었다는 그녀의 말이 머릿속을 떠나지 않는다. 나는 무언가에 그토록 열중한 적이 있던가. 좋아하는 일로 마음이 잔뜩 기울어 평정심을 잃는 건 너무 멋진 일이다. 평생 몇 번 있을까 말까 한. 균형이라는 게, 꼭 중앙에 잘 맞출 필요 있나?

작가 신미경

The Little World That Makes Me

나의 작고 작은 세계

언젠가부터 무언가에 쫓기는 기분으로 하루하루를 보내기 시작했다. 사람이라면 누구나 한 번쯤 품을 마음이겠지만 늘 익숙하지 않아 버겁다. 이런 시점에 그녀와의 대화는 실로 사막의 단비 같은 역할을 했다. 신미경 작가의 과거와 현재의 삶, 그때와 지금의 일상. 어느 것 하나도 틀리지 않은 이야기들은 모두 다 그녀의 진짜 인생이었다. 스스로를 깨닫고 보살피며 살아가는 일, 삶의 균형을 잡으며 지금이 좋다고 말하는 순간, 건강하게 오래도록 인생을 보내고 싶다는 바람까지. 모두 다 그녀의 이야기였다.

에디터 김지수 포토그래퍼 유래혁

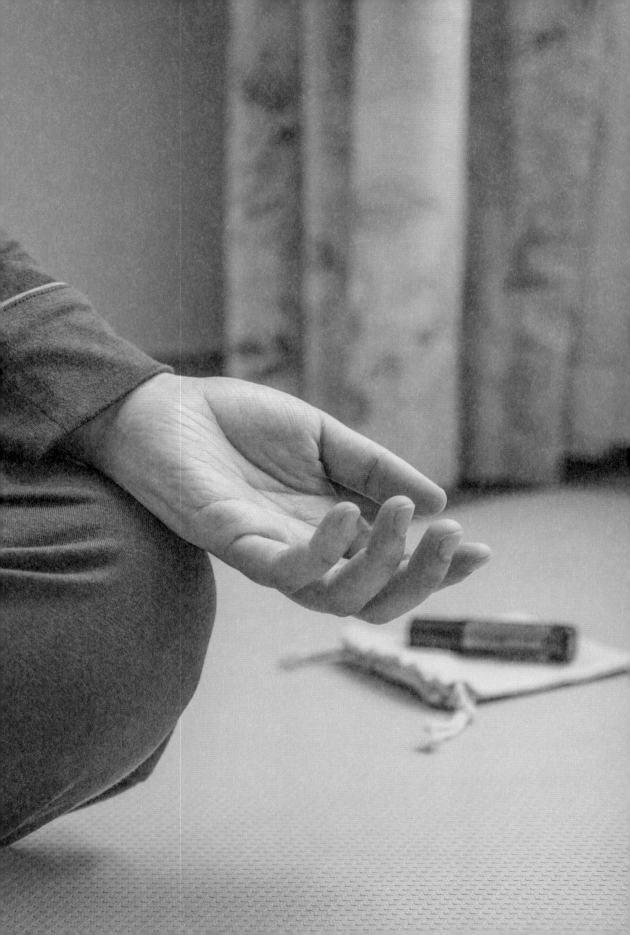

나와 균형을
맞추는 일

가장 먼저 소개로 인사해 볼까요?

안녕하세요. 책을 좋아하는, 글 쓰는 회사원 신미경입니다. 올해로 자립해서 산 지 15년 정도가 됐어요. 이제야 좀 '프로 자취러'가 된 것 같아요. 저는 허당기가 많고 성격이 급해요. 그 와중에 계획적인 성향도 있죠. 조금 모순적인 것은 동시에 게으르다는 거예요(웃음). 이렇게 상극인 성격들 때문에 균형을 찾으며 살고 있어요. 여러 모습을 가진 마음을 잘 다스리며 사는 것이 삶의 과제라고 여기고 있죠.

오늘 인터뷰 전에 어떤 시간을 보냈나요? 《뿌리가 튼튼한 사람이 되고 싶어》에서 출근 시간의 루틴 이야기가 흥미로웠어요. 오늘은 일요일인데, 아침 시간은 어땠는지 궁금해요.

주말과 평일의 차이는 없어요. 똑같아요. 단지 주말엔 알람을 끈다는 것? 몸이 원하는 시간에 일어나게 하려 해요. 가장 먼저 헤어 브러싱과 두피 마사지를 해요. 혈액 순환을 중요하게 생각해요. 그러고 나서 명상과 요가를 시작하죠. 길지는 않지만 요즘은 명상 시간을 점점 늘리고 있어요. 명상은 저의 급한 성격을 다스리는 방법 중 하나로, 아주 큰 도움이 되고 있어요. 요가를 마친 뒤에 세안을 하고, 식사 준비를 하고, 꽤 오랜 시간을 들여서 천천히 밥을 먹어요. 보통 출근 전에 두 시간 정도를 이렇게 보내요. 정작 출근을 위한 준비는 15분이지만, 아침에 보내는 자유 시간이 참 중요해요. 저에게 아침은 몸을 깨우고 에너지를 부르며, 뇌에 활력을 주는 과정이에요. 하루의 시작을 위해서 꼭 필요한 일들을 하죠.

대단해요. 저에게 출근 시간은 전쟁이거든요(웃음).

저도 예전에 그랬어요. 외적인 것에 신경을 안 쓰니까 가능한 일인 것 같아요. 여기서 신경 안 쓴다는 건 아예 방치가 아니라 간편하게 방식을 바꿨다는 거예요. 저는 불과 몇 년 전만 해도 아침에 밥을 안 먹어도 괜찮았어요. 예쁘게 입고 화장하는 게 더 중요했거든요. 외적인 모습을 가꾸는 데 시간

을 썼는데 이젠 내적인 부분을 다듬으며 아침 시간을 보내고 있어요. 그때의 내가 틀리고 지금이 맞다는 건 아니에요. 단지 과거의 기쁨은 그런 것이었고 지금의 행복은 또 다른 것일 뿐이죠. 가치관이 바뀐 거예요.

신미경 작가님 하면 최소, 균형, 미니멀, 적당히 같은 소소하게 정제된 단어들이 떠올라요.

사실 그런 단어들이 의미하는 삶을 살기 위해 부단히 노력했어요. 요즘은 잘 모르겠네요. 처음엔 과거와 다르게 살기 위해서 의식하며 습관을 바꾸려 했는데 지금은 너무도 당연한 일상이 되어버렸어요. 어느 순간 의식조차 하지 않아요. 가령 무언가를 살 때 '이게 미니멀한가?' 하는 고민을 하지 않는 거죠. 단지 정말로 필요하면 사는 거예요. 이런 삶은 이제 자연스러워졌지만 균형을 잡는 게 늘 낯설어요. 어려운 일이죠.

어떤 균형일까요? 올해 3월에 나온 책 《나의 최소 취향 이야기》에서 일상의 균형에 관한 이야기를 하기도 해요.

맞아요. 사람이 살아가려면 여러 가지 일을 동시에 소화해야 하잖아요. 책에는 생활, 일, 건강 관리, 돈 관리, 인간관계, 취미생활까지. 이 모든 요소를 어떤 것 하나에 치우치지 않으면서 균형을 맞추는 것에 관한 이야기가 담겨 있어요. 시원한 해결 방법이 있는 건 아니지만 저만의 삶의 규칙들을 조곤조곤 책 속에 정리했어요. 하지만 모든 삶의 요소를 다 챙기자고 하면 너무 스트레스일 거예요. 의무적으로 접근한다면 너무 피곤한 일이 되겠죠. 그래서 자신에게 맞는, 가장 최소의 것들만 골라서 잘해보자는 의견도 담았어요. 가장 먼저 잠에 관한 이야기가 나오는데요. 저는 수면은 아주 당연하지만 일상에서 가장 중요한 일이라고 생각해왔어요. 잘 자는 게 자기 자신에게 해줄 수 있는 최소의 복지라고 여기면서요. 이런 접근과 방향성을 책 속에서 제시하고 있어요.

저는 잠이 제일 마지막 순위인데… 갑자기 반성하게 되네요.
20대 때는 저도 그랬어요(웃음). 몸을 혹사하면서 일하고 놀고, 깨어 있는 시간이 더 중요했으니까요. 그때 시대 분위기가 그렇기도 했고요. 무엇이든 열심히 하자는 주의였죠. 그런데 요즘 20대는 그런 생각을 하지 않는 것 같아요. 그들에겐 스스로 건강을 잘 챙기는 문화가 생긴 것 같아요. 무척 바람직하고 현명한 흐름이죠.

작가님의 20대가 궁금해지네요.
지금과는 완전히 다른 삶을 살았어요. 패션을 아주 좋아하는 의류학과 학생이었죠. 패션 잡지를 꼭 끼고 살면서 전 세계가 알아주는 패셔니스타가 되겠다는 야망을 가지고 있었어요. 그런 생각을 하며 자랐더니 어느새 쇼퍼홀릭 한 명이 탄생하게 된 거죠(웃음). 그때 한참 열풍이 불던 드라마가 〈섹스 앤 더 시티Sex And The City〉였거든요. 그 드라마를 마치 인생의 교과서처럼 생각하며 살았어요. 그 영향으로 당시엔 굉장히 많은 물건을 사기도 했어요. 구두는 100컬레가 넘었고 집 안 곳곳에 먼지 쌓인 물건이 즐비했어요. 컵라면을 먹으며 홍콩으로 쇼핑 가는 일이 옳다고 생각하던 때였으니까요(웃음). 그런 삶의 방식이 틀렸다는 건 아니지만 저에게는 맞지 않았던 거죠.

지금의 삶으로 변하게 된 계기는 뭘까요?
그런 일상을 이어가다가 결국엔 크게 아프고 나서 많이 바뀌었어요. 늘 건강은 뒷전이고 외적인 부분에 신경이 치우쳐 있으니 나쁜 습관이 조금씩 몸을 망가트리게 한 거죠. 불규칙한 하루하루가 만든 결과는 텅 빈 통장과 무너진 건강이었어요. 아주 길고 힘든 시기를 보냈죠. 30대 초반에 생긴 위기인데, 지금은 다행이라고 생각하기도 해요. 조금 더 일찍 깨우치고 변화를 위해 노력하게 됐으니까요. 잘못된 삶의 경로를 빨리 수정할 수 있었던 거죠.

갑자기 모든 습관을 고친다는 게 쉽지 않았을 것 같아요.
시련이 아예 없었다면 거짓이지만 오히려 편안한 마음이 들었어요. 아파 보니까 알겠더라고요. 내가 언제 세상을 떠나도 이상하지 않겠구나, 생각했죠. 그다음부턴 쉬웠어요. 혹시나 제가 잘못됐을 때 제가 가진 이 모든 것을 남겨진 가족들이 치우게 할 수는 없으니까요. 지금 떠올려보면 극단적으로 생각한 부분도 없지 않아 있네요(웃음). 결론적으로 기존의 생활 방식을 정리하고 싶은 마음이 생긴 거예요. 도미니크 로로Dominique Loreau의 책을 읽고 많은 영향을 받기도 했어요. 좋은 물건을 하나만 사서 오래 쓰자는 마음이 생겼죠. 그래서 첫 시작은 물건으로 접근했어요. 크고 무거운 출퇴근 가방부터 비우기 시작하면서 벽돌처럼 들고 다니던 파우치를 정리하니 속이 시원하더라고요(웃음). 그다음엔 집 안

의 서랍을 하나씩 비우게 됐죠. 정말 많은 물건이 있었어요. 안 쓰는 쇼핑백, 먼지 박힌 러그, 입지도 않는 옷과 신발 등 점점 그 범위를 확대해서 나중엔 작은 집으로 이사를 했어요. 그렇게 지금의 생활을 본격적으로 시작하게 된 거죠.

과거에는 어떤 마음 때문에 지금과 다른 삶을 살았을까요?
글쎄요. 지금 고찰해 보면 그때는 늘 공허했던 것 같아요. 나의 가치를 높이기 위해 계속 외적인 부분에 치중하면서 끊임없이 물건을 사야만 했어요. 잡지를 보면서 타인의 욕망을 욕망하고 말았던 거죠. '실리콘 밸리에서 살 수는 없지만 맥북은 살 수 있잖아?' 같은 사고방식으로요(웃음). 조금 우울하면 백화점에 가서 옷을 사고 2주 후에 그 옷을 빛바랜 상태로 옷장 속에 가둬두고, 그런 일상의 반복이었어요. 나 자신을 그 자체로 사랑하지 않으면서 늘 외적인 것에서 만족을 찾으려고 했던 거죠. 하지만 그런 습관이 절대 공허한 마음을 채워주진 못했어요. 아주 일시적인 행복감만 주었죠.

지금의 생활은 지속적인 행복을 주고 있나요?
그렇죠. 과거를 벗어나 균형을 잡으려 노력하는 오늘이 아주 만족스러워요. 아침에 명상을 하고 밥을 잘 챙겨 먹고, 잠들 때 하루를 무사히 마쳤다는 생각이 드는 작은 순간들이 소중해요. 어떤 외부 요소의 도움 없이 오롯이 내 마음으로 나를 채울 수 있는 시간에 감사하죠. 여름이면 옥수수를 먹고 가을이면 무화과를 사는 지금을 계속 지켜가고 싶어요. 과거와 지금의 저를 비교하면 인격 자체가 달라진 것 같다는 생각이 들기도 하네요(웃음). 그때의 저를 본 사람들은 아주 기가 센 사람으로 기억한다면 지금 저를 글로 만나는 분들은 제가 아주 평온하고 차분한 사람이라고 생각하는 것 같은데요. 사실 저는 둘 다 아니거든요. 조금 발랄한 성향이 강해요(웃음).

맞아요. 그래서 오늘 조금 놀라기도 했어요(웃음). 제 상상과는 분위기가 아주 달라서요.
당황하신 건 아니죠(웃음)? 글을 쓰면 다른 자아가 나오는 것 같아요. 사람은 평면적이지 않잖아요. 착한 얼굴이 있으면 나쁜 얼굴도 있고 한 가지 성향을 가지지는 않는데, 글을 쓰는 저는 정돈된 상태에서 내면으로 깊이 들어가는 경향이 있어요. 지금은 외향적인 제가 나오고 있는 거겠죠.

글 쓰는 회사원으로 살고 있는 지금은 삶의 균형을 맞추고 있다고 느끼나요?
그렇다고 생각해요. 한 가지 모습으로만 살면 지루하니까요. 궁극적으로는 내향인 저로 글만 쓰며 살고 싶기는 하죠(웃음).

적당히주의자의
충분한 삶

다양한 삶의 규칙을 정하고 계획을 잡아 살고 있어요. 모든 루틴을 꾸준히 지키기 위해서 다잡아가는 마음가짐이 있나요?

마음가짐이라는 것은 각오를 다진다는 것과 같은데, 저는 다짐을 하며 살지는 않아요. 마음먹고 억지로 하는 일은 오래 유지하지 못하거든요. 작심삼일로 끝나곤 하잖아요(웃음). 지금 생활을 유지할 수 있는 저만의 방법은 '기록'이에요. 일기처럼 길게 쓰지는 않더라도 내가 알아볼 수 있는 말로 스프레드시트에 꾸준히 남겨놓는 거죠. 표로 간결하게 무엇을 먹었는지 어떤 물건을 샀는지 눈에 보이는 것으로 남기다 보면 변화를 발견하기도 하고 어떤 패턴을 발견하기도 해요. 개선해야 할 점이 보이기도 하고요. 그럼 돌파구를 찾아 더 좋은 습관을 만들 수 있는 거죠. 실질적으로 눈으로 보며 다스릴 수 있는 기록을 신뢰하며, 각오로만 끝내지 않으려 노력해요. 여기서 중요한 것은 이 모든 게 오롯이 나와의 약속이고 싸움이라는 점이에요. 이런 접근 방식도 과거와 달라진 부분이죠. 예전에는 어떤 행동을 할 때 '남에게 어떻게 보일까?' 하는 생각이 앞섰지만 요즘은 반대로 생각해요. 내가 이렇게 살아야 더 건강하겠지, 하면서 나와의 약속을 잡아가요. 이런 약속을 스스로 지켰을 때 아주 오래가는 행복을 만들 수 있어요. 저는 이런 게 좋아요. 아무도 모르는데 나만 알고 있는 것들이요.

책 안에 "늘 궁금했던 것은 '나는 왜 살고 있지?'라는 물음이라는 거다."라고 말하는 부분이 있어요. 인상적인 문구였는데요. 요즘은 어떤지 궁금해요. 지금의 작가님은 답을 찾았을 것 같기도 하네요.

답을 찾았다기보다는 애초에 질문을 안 하게 됐어요. 당시에 그런 질문을 저 자신에게 했던 이유는 남들과 나 자신을 비교하면서 완벽주의를 좇았기 때문이에요. 단독 사무실을 갖고 있는 아주 멋진 커리어우먼이 되고 싶었거든요(웃음). 하루 종일 일하면서 모든 일을 잘 소화하기 위해 쉼 없이 달리다가 집으로 돌아오면 '나는 왜 사는 걸까? 행복하지 않은데 과연 옳은 걸까?' 하는 의문으로 하루를 마감하곤 했어요. 서른 초반에는 누군가 결혼을 하거나 승진을 하면 조급해지면서 주변의 노이즈에 한없이 흔들렸어요. 그런데 요즘은 그런 소식이 들려오면 대부분 무감하고 가끔 부럽기도 해요. 내가 느끼는 그대로 인정하기 시작한 거죠. 이런 과정은 상대방과 내 삶의 다름을 알고 동시에 나 자신의 한계를 아는 일과 같아요.

작가님이 자기 자신을 '적당히주의자'로 소개하는 구절이 떠오르네요.

늘 '적당히'라는 말을 하며 나 자신을 내려놓으려 해요. 예를 들어 저는 사실 청소를 정말 싫어하는 사람이거든요. 필요한 청소는 반드시 하지만 완벽하게, 결벽증에 가깝도록 청소하지는 않아요. 높은 기준을 잡아버리면 제가 고통스럽다는 걸 너무 잘 알거든요. 예전에 제가 바라던 이상형은 우아한 교양인이었어요. 그런데 현실의 저는 전혀 달라요. 허당이고, 변덕스럽고(웃음). 그런데 이런 것들을 인정하며 별로인 부분들까지 나라는 걸 아는 게 중요한 것 같아요. 그래서 '적당히'가 가능해지는 거고요. 어느새 '이렇게 발랄한 나도 글을 쓸 때는 우아한 교양인이 되는 것이 아닌가?' 하는 긍정적인 생각도 하게 돼요.

이번엔 미니멀라이프에 관한 질문으로 넘어가 볼까요. 미니멀한 일상을 추구할수록 물건을 고르는 기준이 까다로울 것 같아요. 어떤가요?

말씀드렸듯이 물건을 사는 일도 어쩌면 나의 한계를 아는 것과 같은 맥락이에요. 제가 요리를 자주 하다 보니 그릇을 너무 잘 깨더라고요. 허당인 모습이 여기서도 나오는 거죠(웃음). 그래서 최근에 안 깨지는 유기그릇을 샀어요. 언제부턴가 물건을 사는 순간을 넘어서 쓰고 버리는 일까지 고려하게 되더라고요. 전에는 디자인과 기능에 중점을 두고 물건을 샀다면 이제는 나에게 맞는, 내 습관에 맞는 물건을 택하는 것으로 기준이 달라졌어요. 이런 관점에서 저 자신을 위한 사치는 긍정적으로 생각하는 편이에요. 가령 아무도 없는 집에서 좋은 소재의 편안한 파자마를 입는 것처럼요.

수많은 미디어에서 늘 '지금을 살아라'라는 말을 반복해요. 그런데 저는 내일을 사는 사람이거든요. 이런 점이 뒤처졌다는 생각에 괴롭기도 해요. 그래서인지 '내일을 위해 오늘을 산다'는 작가님의 이야기가 위로가 되기도 했어요. 오히려 새롭게 느껴지기도 했고요.

저에게 내일을 위해 산다는 건 아주 소소하면서 동시에 커다란 노동력이 필요한 일이에요. 내일 입을 속옷과 양말을 정리하고 도시락을 싸는 것, 내일의 나를 위해 오늘 할 일을 미루지 않는 것. 남들에겐 너무 당연한 일이겠지만 저는 그동안 너무 게을렀기 때문에 크게 느껴져요. 혼자서 살기 전에는 이렇게 사소한 일들이 누군가의 노동력이 만들어낸 결과라는 걸 몰랐어요. 이렇게 작은 것들이 모여 불편함 없는, 보통의 하루하루가 완성되는 거죠.

"그런 사소함이 모여 작디작은 세계를 유지한다."라는 작가님 책 속의 구절과 잘 어울리는 답변이네요. 가장 와닿은 문장 중 하나이기도 했고요.

과거엔 프로페셔널 병에 걸려서(웃음) 사소한 것은 전혀 고려하지 않았어요. 작은 것들의 가치를 낮게 봤어요. 지금은 작은 것들이야말로 진짜 나를 완성한다는 것을 알아요. 어쩌다

과거의 나처럼 큰 야망을 가지게 되어도, 사소하고 중요한 일들을 업신여기지 않으려 해요. 그리고 이런 습관이 쌓여 결국엔 제가 바라던 멋진 커리어우먼이 될 수 있다는 걸 알고 있죠(웃음). 하지만 많은 미디어에서 말하는 '지금을 살아라'라는 말이 어떤 관점인지 알 것 같아요. 저는 내일을 위함과 동시에 지금을 열심히 살기도 하거든요. 오늘 할 일을 마친다는 건 곧 현재를 잘 살았다는 것과 같잖아요. 내일의 나도 좋아질 수 있고요. 실은 이런 점들을 명상을 통해 더 가까이 느끼고 있어요. 깊은 호흡을 통해 나를 느끼고 순간에 집중하게 되니까요. 그러다 보면 지금을 사는 일이 뭔지 어렴풋이 알 것도 같아요. 밥 먹을 때는 지금에 집중하며 밥만 먹어야 하는 거죠(웃음). 오지 않은 미래는 걱정하지 않으면서요. 기자님은 어떤 의미로 내일을 살고 있나요?

어… 저는 아무래도 마감이 있는 삶을 살고 있고, 그러다 보니 내일에 대한 걱정이 쌓여 가더라고요. 오로지 내일만 보고 산다는 생각에 우울해지기도 하고요.

발전적인 생각이죠. 더 잘하고 싶고 개선하고 싶은 마음이에요. 저는 그런 게 너무 자연스러운 과정이라고 생각하는데요? 커리어를 쌓아가는 시기니까, 당연한 생각이에요. 이제 시작이니까요.

좋아요. 한결 가벼워진 것 같아요(웃음). 이번 호에서는 '아름다운 균형'에 관해서 이야기하고 있어요. 균형을 잘 잡으며 삶이 아름다워질 수 있는 방법은 어떤 걸까요?

넓은 관점에서 봤을 때 여유를 찾는 일이 사람을 아름답게 만든다고 생각해요. 방식은 다 다르겠지만 어쨌든 여유를 가지는 게 중요해요. 여유가 없는 사람은 점점 거칠어지기만 해요. 아무리 외모가 아름다운 사람도 뭔가에 쫓기고 압박을 받으면 풍기는 에너지가 좋을 수가 없거든요. 얼른 경제적 자유를 얻어서 시간을 사고 싶네요(웃음). 시간이 곧 여유니까요.

마지막 질문이에요. 훗날 건강하게 나이 든 어느 날 아침, 작가님은 무얼 하며 시간을 보내고 있을까요?

일단 조기 은퇴를 한 뒤에(웃음) 시계 없이 살고 있을 거예요. 오롯이 내 몸의 리듬에 맞춰 일어나고, 자고, 먹으며 살 거예요. 명상하고 산도 오르고 요리도 해 먹으며 지금과 다르지 않은 삶을 살 거예요. 단지 좀 달라진 점은 짐이 많이 줄었다는 거겠죠. 매트리스 없이 이불 위에서 자고 청소기 말고 빗자루로 바닥 청소를 하며 살고 싶어요. 제가 들고 옮길 수 없는 짐은 들이지 않는 것을 목표로 잡았거든요. 거꾸로 향하는 삶의 방식을 택하고 싶은데, 노동자 일을 청산하면 불가능한 것도 아니겠죠(웃음)?

나만 아는 오늘의 장면들

피곤할 때는 레몬워터

피곤한 날에는 레몬 워터를 꼭 마셔요. 미네랄 워터에 레몬즙을 섞는 레시피는 흔하지만, 레몬 워터는 제게 가장 알맞은 피로회복제에요. 저는 이런 식으로 작지만 나만 아는, 스스로 만든 규칙이 좋아요.

건강한 올리브 오일

샐러드를 만들 때 무거운 드레싱을 따로 만들지 않아요. 올리브 오일과 소금을 살짝 뿌려서 먹어요. 올리브 오일도 품종이나 산지에 따라 등급과 맛이 다른데 저는 꼭 신선한 풀 향과 과일 향이 섞인, 가장 높은 등급의 엑스트라 버진을 택해요. 좋은 올리브 오일을 사용하면 재료 본연의 맛을 더 잘 느낄 수 있어요.

하루 한 끼 비건

원래 페스코이긴 한데, 회사 업무를 하다 보면 밖에서 먹는 일이 비일비재해요. 점심은 회사에서 바깥 음식으로 해결하더라도 아침이나 저녁은 꼭 비건으로 차리려 해요. 먹으면 사라지는 거지만 이 또한 나만이 아는 무언가를 쌓는 일이죠. 내가 먹는 것들을 건강하게 고르고 좋은 식재료의 배경을 떠올리며 식사를 하는 시간이 즐거워요.

매일 몸에 닿는 수건

보통 피부를 위해 화장품에 신경 쓰는 경우는 많지만 피부에 직접 닿는 수건을 챙기는 경우는 많지 않잖아요. 거친 수건은 결국 피부에 상처를 남기고 말아요. 사소하지만 매일 하는 일인데 중요하죠. 지금 쓰는 캐시미어&코튼 수건은 촉감이 부드럽고 가벼워서 좋아해요. 남들에게 보여줄 수는 없지만 이것도 나를 아껴주는 꼭 필요한 일 중 하나예요.

Tomorrow
Will Be Stronger

튼튼한 습관을 모아

아침에 눈을 뜨면 커피포트에 물을 올리고 오래된 영상을 켠다. "국민체조, 시작!" 익숙한 구령에 맞추어 몸을 움직이고 나면 찌뿌드드한 기운이 사라지고 머리가 좀 맑아진다. 점심밥을 먹고 나면 사람이 없는 곳에서 씩씩하게 국민체조를 하고, 잠들기 전엔 소리를 조금 죽여 조용히 국민체조를 한다. 그렇게 하루 세 번 국민체조를 한 지 1년 반이 지났다. 하루라도 건너뛰면 마땅히 해야 할 일을 안 한 듯 불편하고, 세 번을 깔끔하게 마치면 잘살고 있다는 기분이 든다. 아주 작은 행동이 하루의 일부로 반복되는 나날. 나는 그 시간이 쌓여 건강한 내일을 만든다고 믿는다. 혹시, 당신도 나와 같은 마음일까?

글 김흔비, 몬구, 황예인, 안대근 일러스트 임기환 에디터 이주연

작가 김혼비와 자전거
페달을 밟을 테니까

2020년, 내 삶에서 축구가 이렇게 허무하게 빠져나갈 줄은 몰랐다. 하긴 그것만 몰랐나. 비누와 마스크 같은 손바닥만 한 물건들에 나라의 명운이 걸리고('손바닥으로 하늘 가리기'는 성공해야 한다!) '언택트'의 기치 아래 일상의 질서들이 대대적으로 재편될 줄은 상상도 못 했다. 이런 때에 어디서 무엇을 하다가 왔을지 모를 스물두 명이 모여 살 부딪히고 땀 섞이는 축구는 도저히 할 자신이 없었다. 6년간 해오던 운동이 남긴 빈자리는 블랙홀처럼 의욕과 생기를 모두 삼켜버렸고 그렇게 무기력하게 지내던 4월의 어느 날 문득 자전거가 눈에 들어왔다. 그래, 자전거! 야외에서 할 수 있고, '자전거 몸체 길이+자전거 간 유지하는 안전거리'만큼의 사회적 거리 두기도 가능한 운동. 자전거를 마지막으로 탄 게 언제였더라. 아마도 거의 10년 만에, 내 자전거도 따로 없어서 서울시에서 대여해 주는 무인 공공자전거 '따릉이'를 끌고 시험 삼아 해본 라이딩에서 나는 깜짝 놀랐다. 이거 생각보다 훨씬 재미있잖아?! 군데군데 저녁노을이 물든 한강을 따라 단숨에 20킬로미터를 달렸다. 그날 이후 중고로 미니 스프린터를 구입해서 매일 자전거를 탔다. 강도를 조금씩 올릴 때마다 허벅지가 터질 것처럼 뜨거워지며 욱신대는 기분이 너무 좋아서 27킬로미터, 41킬로미터, 69킬로미터 주행거리도 점점 늘었고, 90킬로미터 종주를 목표로 삼고 나니 목표치에 빨리 도달하고 싶다는 강력한 동기가 생겨서 그전에는 하루 이틀 하다가 이내 그만두곤 하던 '홈트'도 꾸준히 하게 됐다. 매일 5분씩 하는 스쿼트와 플랭크는 내 몸의 코어뿐만 아니라 일상의 코어도 다지는 시간이다. 하고 나면 온몸이 새로운 활기로 차오르며 다른 일들을 즐겁게 할 수 있다. 이렇게 은사시나무처럼 부들부들 떨며 만든 근력으로 '잘 살아가고 싶다'는 의욕이 샘솟는다(어떻게 만든 근력인데!). 요즘은 사회적 거리두기가 2단계로 올라가면서 자전거 타러 나가는 것도 자제해야 할 것 같아 쉬고 있지만 홈트만큼은 꼬박꼬박 한다. 언젠가 다시 페달을 밟을 테고 난 90킬로미터를 달릴 거니까. 언택트의 물결 속에서 운동과는 절대 언택트 되지 않기. 코로나 시대를 통과하는 나의 목표.

《우아하고 호쾌한 여자 축구》를 썼지만 축구를 못 하고 《아무튼, 술》을 썼지만 친구들과 함께 술을 마시지 못하는 날들을 보내고 있다. 모두의 무사를 빈다.

뮤지션 몬구와 달리기
습관성 달리기

오래달리기는 습관이 되어도 여전히 힘들다. 숨이 차고, 다리가 아프다. 생각만큼 몸이 따라주지 않을 때도 있다. 하지만 힘들 뿐, 오래 달리는 것에 대한 두려움은 사라졌다. 그러고 보면 사는 것도 그런 것 같다. 하루하루 안 힘든 날이 없다. 그래도 계속 내딛다 보면 어딘가에 도착하게 된다. 그런 반환점과 도착점을 습관처럼 지나다 보면 사는 두려움이 비워지는 게 아닐까. 글을 쓰다 보니 올봄, 살겠다고 외치는 초록 잎사귀들의 아우성과 공기에 진하게 섞이는 풀 냄새에 놀라 달리기를 멈추던 순간이 떠오른다. 그날은 가만히 서서 그 공간과 시간이 내 오감에 선사하는 초록빛을 마음에 품었더랬다. 가을로 접어든 지금, 눈을 감고 그날의 초록빛과 달리기를 떠올려본다.

소개하고픈 재밌는 러닝 문화가 있다. 마라톤 대회에 다녀왔거나 러닝 동호회를 본 사람들은 알 텐데, 맞은편에서 달리는 사람(모르는 사람이어도)에게 박수를 두세 번 친다든지 "파이팅" 하며 격려하는 문화다(러너의 동지애 같은 것이려나). 요즘도 러닝 코스에서 만나는 러너들에게는 파이팅 인사를 건넨다. 폼이 괜찮고 경험이 많은 러너일수록 화답을 잘해준다. 작년 가을, 아파트 단지 외곽을 자전거 타는 소년 두 명과 같은 코스로 달린 적 있다. 나는 그들에게 파이팅을 외쳤고, 그들은 적잖이 놀란 표정으로 서로를 바라보더니 웃었다. 그러더니 열정적으로 페달을 밟아 내 뒤를 따라오며 "파이팅, 파이팅!" 하고 외쳤다. 두 소년의 눈빛은 잃어버린 재미를 찾은 것처럼 반짝였다. 그래, 저 친구들도 언젠가는 달리겠구나….

러닝을 시작한 후로 체중이 줄었지만 그보다 불평이 많이 줄었다. 보통 일주일에 1-2회, 10-15킬로미터, 50-90분을 뛰는데, 그렇게 달리다 보면 불편하고 기분 상할 것투성이다. 내 근육과 의지를 지치게 하는 맞바람, 골목에서 담배를 태우는 사람, 페어링이 풀리는 블루투스 이어폰, 물이 고인 웅덩이, 자기 옆을 지난다는 이유로 갑자기 짖는 개, 차가운 바람에 반응하는 유약한 내 소화기관…. 정말이지 끝없다. 하지만 내 몸은 안다. 불평이 오래 달리는 데 아무 도움이 되지 않는다는 걸. 중요한 건 그저 다음 스텝을 내딛는 것뿐이다. 아무도 내게 뛰라고 강요하지 않는다. 달리는 데 어떤 큰 의미도 없다. 그저 멈출 이유가 없다면 다음 스텝을 준비하면 된다. 그렇게 글 쓰고, 노래하고, 춤추며 살고 싶다. 그리고 그걸 가장 잘 연습하고 유지할 수 있는 습관이 러닝 아닐까 생각한다.

2003년부터 지금까지 음악이 흘러야 하는 곳에서 춤추듯 글 쓰며 노래하고 있다.

소설 편집자 황예인과 산책

마음속 개를 데리고 산책

일어나면 창문을 열어 날씨부터 살핀다. 날씨 애플리케이션이 알려주는 정보는 하루의 대강을 짐작하게는 하지만 감각을 일깨우지는 못한다. 불어오는 바람이 피부에 닿아오고, 햇빛만큼 선명한 그림자가 눈에 들어오면 일몰의 산책이 아침부터 기대된다. 마음속 개가 빙빙 돌며 어서 나가자고 흥분하는 게 느껴질 만큼.

그전까지는 회사에서의 시간, 나는 이걸 내가 8시간 동안 타야 할 열차라 상상한다. 중간에 내릴 수 없고, 멍하니 있을 수만도 없다. 차창 밖 풍경은 내면의 반영이어서 재촉하는 문자나 쌓여가는 메일만을 보게 될 테니까. 또박또박한 오전과 달리 오후에는 달궈진 몸으로 일 위를 질주한다. 한때는 이 상태를 몰입과 능률로 이해했는데 이제는 자동화된 반응이라는 걸 안다. 그렇기에 투두 리스트가 어느 정도 지워진 퇴근 무렵에도 이를 계속 유지하려는 유혹에 빠진다. 하지만 오늘의 나는 주저 없이 열차에서 내린다.

내내 기다리던 마음속 개와의 산책이 시작된다. 상점 간판과 사람을 구경하며 걸을 때도 있지만, 대개는 한강을 끼고 다리를 건넌다. 초가을 저녁 6시 반 무렵이면 서쪽 하늘이 붉게 물들면서 강 아래로 해가 조금씩 사라져간다. 수면의 금빛 윤슬에서 겨우 시선을 떼 동쪽 하늘을 바라보면 하늘색이 점잖게 가라앉고 있다. 한동안 하늘은 부드러운 연보라색이었다가 다리의 반대편으로 넘어오면 전체가 깨끗한 군청색으로 바뀌어 있다.

더없이 아름다웠다가 순식간에 고요해지는 일몰 속에서 나는 낮의 열차가 장난감 기차 같은 거였다고 상상한다. 엇박자로 끼어드는 우연한 장면들—횡단보도를 건너던 고양이, 탭댄스 스텝을 밟던 여자, 눈앞으로 날아들던 흰 갈매기—이야말로 오늘 진짜 내가 원하던 것이라 생각하며 집으로 돌아오면 마음속 개는 적당히 지쳐 온순해져 있다. 그러면 오늘 하루가 어땠건 아주 만족스럽다고 생각되는 것이다.

1인 출판사 스위밍꿀을 운영 중이다.

작가 안대근과 필사

동경하는 사람에게

책을 읽을 때면 공감 가는 부분보다는 닮고 싶다는 생각이 드는 부분에 밑줄을 긋는 편이다. '이건 정말 내 얘기네.' 하고 낄낄거리며 읽은 책이 깨끗한 반면, 중간에 멈추느라 느리게 읽은 책들이 지저분한 이유는 아마 그 때문일 거다. 그래서인지 오랜 시간 간직해 온 필사 노트를 펼치면, 되고 싶었던 사람들에 대한 기억이 떠오른다. 내가 닮고 싶었던 문장들 사이로 떠오르는 흐려진 얼굴들이. 어릴 때는 이모와 삼촌과 함께 자랐다. 엄마가 육 남매의 첫째고, 막내 이모와 삼촌은 모두 늦둥이라서 나와 열 살도 채 차이 나지 않았다. 내 성향의 대부분은 아마 두 사람에게 영향을 많이 받았을 것이다. 스무 살이 될 때까지도 심은하가 세상에서 제일 예쁜 사람인 줄 알았고, 삼촌 방에 붙어 있던 영화 포스터들을 보며 왕가위 감독을 무작정 좋아했다. 누가 나에게 좋아하는 것들을 물으면 이모 방과 삼촌 방에서 곁눈질로 훔쳐본 것들의 이름을 대고는 했다. 몇 살 차이 나지 않는 나를 늘 어린애 취급하는 그들을 자주 미워하면서도 속으로는 그보다 더 자주 동경하던 어린 시절이었다.

필사는 그렇게 시작됐다. 나도 끼고 싶지만 끼워주지 않는 사람들 사이에서. 되고 싶지만 나는 될 수 없을 것 같은 사람들을 읽어 내려가며. 닮고 싶지만 닮기엔 너무 먼 거리에 있는 모습을 질투 반, 동경 반 섞인 마음으로 따라가며. 이를테면 그런 기분일까. 내가 좋아하는 사람이, 내가 좋아하는 것 중 하나를 좋아한다는 사실을 발견했을 때 느껴지는 기분 좋음 같은. 그래도 우리 사이에는 같은 문장이 있다는 확신. 당신이 쓴 문장과 내가 베낀 문장.

필사의 시작에 대해 여기까지 말했을 때 상대는 어쩌면 이유도 그렇게 궁상맞냐고 웃었는데, 가끔씩 네가 해준 얘기를 내 일기장에 또박또박 적어본다는 건 끝까지 모르겠지. 이제 곧 30대 중반인데 누군가를 동경하는 일은 그만두어야 하지 않을까 묻는 사람에게 나는 '아니'라고 대답했다. 동경할 때면 자라나는 기분이 든다. 학창 시절, 그들의 방에서 꺼내 온 책 속의 문장과 영화 대사들을 베낄 때 나는 얼마나 자랐던가. 아마도 한 뼘, 그래 한 뼘은 훌쩍 넘게.

글을 통해 순한 사람이 순하게 살아갈 수 있는 세상을 만들고 싶은 소망이 있다. 에세이 《웃음이 예쁘고 마음이 근사한 사람》, 《보고 싶은 사람들 모두 보고 살았으면》을 썼다.

He Wears
A Cap Every Day

6699press 이재영

용기와 조화가 모여

세상에 없는 책들을 꾸준히 출간하는 사람이 있다. 그는 주변에 언제나 있어 왔지만 책으로는 온전하게
다루어지지 않았던 목소리를 담아내는 사람이다. 6699press 이재영에겐 무기가 있는 것 같다. 언제나
있어 왔지만 미처 보지 못한 아름다움을 포착하는 무기, 작은 마음에서 용기를 건져내는 무기. 그 무기가
궁금해 그의 모습을 꼼꼼히 들여다봤다. 대단한 장비는 발견할 수 없었지만 한 가지 특이할 만한 사실을
알게 되었다. 그의 머리 위엔 둥근 모자가 365일 함께라는 거. 혹시 그 안에 비밀을 숨겨둔 건 아닐까?

에디터 이주연   포토그래퍼 이요셉

"모자가 없으면 불안해요. 옷을 하나 덜 입은 느낌이죠.
실수로 모자를 쓰지 않고 외출하는 날이면 급히 새 모자를 사요."

만나서 반가워요.

안녕하세요, 그래픽 디자이너이자 1인 독립출판사를 운영하는 6699press의 이재영이에요. 오늘 날씨가 정말 좋네요.

어수선한 시국에 날씨가 좋으니 좀 억울해요(웃음). 요즘 어떻게 지내요?

확실히 일감이 많이 줄어서 작년에 비하면 개인적인 시간이 훌쩍 늘어났어요. 디자인이나 출판계는 1–3월이 비성수기라 단순히 그 영향인 줄 알았는데, 4–5월이 지나면서도 일감이 작년 같지 않아 긴장을 많이 하며 지냈죠. 개인 시간이 늘어난 만큼 정신 관리를 잘해보려고 노력하고 있어요.

디자인이나 출판, 어느 하나만 해도 힘든 일인데 혼자서 둘 다 해내고 있다는 게 대단해 보여요.

6699press는 출판사나 디자인 스튜디오를 만들겠다는 큰 야망으로 시작한 건 아니었어요. 2013년에 탈북 청소년에 관한 이야기를 책으로 엮게 되었는데, 정식 출판사가 필요해서 한 번만 사용할 생각으로 출판사를 등록한 거였죠. 근데 막상 책을 출간하고 나니 바깥에 있는 소수의 목소리, 세상에 없던 목소리, 있는 목소리지만 조명되지 않은 목소리를 좀더 담고 싶더라고요. 6699press의 6699는 큰따옴표 모양에서 따온 건데 큰따옴표 안에 소수의 목소리를 담아 발화한다는 의미예요. 매년 한 권 이상의 책을 만들어 오다 보니 어느덧 13권이나 쌓였네요.

대중성 있는 콘텐츠를 다뤄보고 싶단 욕심은 없었나요?

늘 달콤한 유혹은 있었죠. 저도 잘 팔리는 콘텐츠가 무엇인지 모르지 않거든요. 그렇지만 대중적인 콘텐츠는 저보다 잘 만들 수 있는 사람이 많아요. 대형 출판사에서 이미 잘하고 있는 일이기도 하고요. 너도나도 대중적인 소재만 다루다 보면 조명되지 않는 부분이 생길 수밖에 없어요. 제가 관심 있는 건 그런 틈이고, 개중에서도 제가 정말 잘할 수 있겠다 싶은 분야를 다뤄왔어요. 대중이 제 책을 어떻게 생각하느냐는 저한테 크게 중요하지 않은 것 같아요. 대중성을 고려했다면 아마 일찍이 지쳐버렸을 거예요. 저는 제가 관심 있고 잘할 수 있는 소재를 저만의 방식으로 이야기하고 싶어요. 다른 출판사가 용기내지 않는 부분에 먼저 손을 뻗어 보는 거죠. 잃을 게 없어서 이렇게 도전도 할 수 있는 것 같아요. 소수라는 이유로 누군가의 목소리가 묻히거나 공격받는 사회가 되어선 안 된다고 생각하면 용기가 나기도 하고요.

용기를 주는 쪽이라고 생각했는데 오히려 용기를 받았다고 생각하는군요.

좋아하는 말 중에 '책은 친구를 만든다.'는 문장이 있어요. 책을 만들면서 만나는 사람들, 기꺼이 저와 함께해 주는 친구들을 통해 저는 용기가 무엇인지 배울 수 있었어요. 저를 위해 용기 내주는 사람들을 볼 때마다 헛되이 살지 않았다고 느끼면서 저 역시 용기를 얻는 거죠.

정의를 묻지 않을 수가 없네요. 용기가 뭐라고 생각하세요?

한 문장으로 설명하긴 어렵지만… 나라는 존재도 존엄하고 상대라는 존재도 존엄하다는 걸 인정하는 게 아닐까요? 많은 사람이 '나는 소중하고, 사랑받아 마땅한 존재'라고 생각하지만 상대방까지 그렇게 생각하긴 어렵잖아요. 내 생각과 가치관만 기준으로 삼으면 타인과 관계를 맺을 때 충돌하게 돼요. 그런 의미에서, 상대방도 나와 같은 존엄한 존재란 걸 이해할 때 생기는 게 용기라고 생각해요.

이번 호 주제가 '아름다운 균형'이에요. 6699press의 작업들이 잘 보여주는 가치 같아요.

제가 좋아하는 말 중에 '조화를 만들기'라는 말이 있어요. 제 작업 모토이기도 하죠. 디자인 작업에서는 자간, 행간, 여백, 이미지가 조화로워야 할 테고, 책을 만들 때는 콘텐츠와 주제, 독자, 저자, 책의 물성의 조화를 생각해야 해요. 조화를 만드는 건 작업을 넘어 삶에도 적용되는 말 같아요. 주변과 조화를 이루고, 저의 내면과 외면의 조화를 이루고…. 저는 아름다움이란 '최종의 형태'라고 생각해요. 내면에 켜켜이 쌓아온 것들이 잘 버무려져야만 완성되는 것 같거든요. 아름다움은 애써 꾸민다고 만들어지는 게 아니라 충실하게 쌓아야만 만들어지는 것 같아요. 그래서 내면의 아름다움은 겉으

로도 드러난다고 믿어요. 그런 의미에서 아름다움은 아마 좀 더 이타적으로 생각하고 상대를 관용하는 자세에서 출발하는 게 아닐까 싶어요.

외모 역시 아름다움을 이루는 주요한 요소 중 하나일 거예요. 재영 씨는 모자, 안경, 수염의 조합을 한결같이 유지하고 있는데 이 캐릭터는 어떻게 완성된 건가요?
대학원을 졸업하고 외모에 대한 고민이 생겼어요. 클라이언트와 미팅하거나 강의를 나갔을 때 상대가 저를 어리숙한 대학원생처럼 대하거나 만만하게 보는 듯한 기분이 들었거든요. 하얀 피부와 안경 쓴 제 모습에 카리스마가 부족한가 싶기도 하고, 약점처럼 느끼기 시작한 거죠. 겉으로 보이는 모습, 외모에서 풍기는 분위기에 대해 생각하다가 수염을 떠올렸어요. 수염에 대한 로망도 있었고 수염을 기르면 나이가 좀 들어 보이지 않을까 싶어서요. 단순한 생각에서 기르기 시작한 거였죠(웃음). 모자 같은 경우는 아침마다 머리 정돈하는 시간이 아까워서 쓰기 시작했어요. 어릴 때부터 모자 쓰는 걸 좋아해서 빵모자, 캡모자, 털모자 등 다양한 모자를 가지고 있었거든요. 그때부터 모자를 쓰고 수염을 기르다 보니 어느새 자리를 잡아 지금 모습이 되었어요.

지금 스타일에 만족하나요?
예전이나 지금이나 저는 제 모습에 만족해요. 제가 제 모습을 사랑하지 않으면 누가 저를 사랑해 주겠어요. 많은 사람이 저를 표현할 때 동그란 안경, 모자, 수염을 떠올리는데 그런 캐릭터로 자리 잡았다는 것도 재밌는 일이고요.

빵모자도 즐겨 썼다고 했는데 지금은 캡모자나 워치캡을 즐겨 쓰는 것 같아요.
챙이 없는 롤업 형태의 워치캡은 2013년 도쿄에 갔을 때 처음 봤어요. 하나를 골라 써봤는데 너무 제 모자 같은 거예요. 그걸 시작으로 도쿄에 갈 때마다 똑같은 모자를 두세 개씩 사오곤 했어요. 당시만 해도 잘 없는 스타일이라 도쿄 친구들도 저에게 "이 모자 어디에서 산 거야?" 하고 묻곤 했죠(웃음). 한때는 워치캡만 해도 여러 개 가지고 있었는데 하나씩 잃어버리고 지금은 딱 하나만 남았네요. 근데 제가 처음 쓸 때만 해도 한국엔 워치캡이 들어오지 않은 상태였거든요. 그러다 어느 순간 유행처럼 번지더니 학생이나 동료 디자이너 중에서도 워치캡을 쓰는 사람들이 눈에 띄더라고요. 스타일이 겹치는 것 같아서 최근에는 기본으로 돌아가자는 생각으로 캡모자를 더 자주 쓰고 있어요.

365일 중 며칠 정도 모자를 쓰고 지내요?
집에 있을 때를 제외하곤 언제나 쓰고 있어요. 저는 외향적인 편이라 365일 전부 집 밖에 나가니까 매일 쓴다고 해도 과언이 아니죠. 모자가 없으면 좀 불안해요. 옷을 하나 덜 입은 느낌이랄까요. 언젠가부터 모자에서 안정을 느끼기 시작했어요. 모자 없이 외출했다가 뒤늦게 알아차리면 곧장 새 모자를 사러 갈 정도로요.

모자에는 유난히 예의에 관련된 이야기가 많은 것 같아요. 과거에는 실내에서, 혹은 어른들 앞에서 모자를 쓰면 안 된다는 인식도 있었고요.
유교적인 이유일 수도 있겠고, 실내엔 햇빛이 없으니 쓸 필요가 없다는 의미에서 그런 것 같기도 해요. 이런 인식은 모자의 기능이 바뀌면서 점차 흐려진 듯한데요. 옛날엔 햇빛을 차단하기 위한 기능이 강조되었다면, 지금은 패션 아이템이나 콤플렉스를 가리는 도구가 되기도 했으니까요. 사실 모자의 용도가 어떻든 모자를 벗으라고 강요하는 건 시대에 뒤처지는 일 같아요. 모자를 쓴 사람이 어떤 환경에 처해 있는지 잘 알지도 못하면서 모자를 벗으라고 이야기하는 건 남을 배려하지 않는 태도 같거든요.

모자가 어느덧 패션이 되었듯 앞으로도 계속해서 변해갈 것 같아요. 모자 애호가로서 어떤 변화를 예상하시나요?
지금껏 기능이나 용도가 변했다면 미래의 모자는 소재 면에서 변화가 있으면 좋겠어요. 오랜 시간 모자를 쓰면 답답하고 여름철엔 덥기까지 한데, 쿨링되는 소재의 모자가 나오면 어떨까 자주 상상하곤 해요. 예전엔 망사처럼 구멍 난 소재의 캡모자가 유행한 적도 있잖아요. 그런 원초적인 방식이 아니라 운동복처럼 땀을 흡수하거나 쿨링되는 소재를 사용해서 모자를 만들 수 있지 않을까 싶은 거죠. 생각해 보면 모자는 기능뿐만 아니라 스타일 쪽에서도 계속 발전해 왔어요.

워치캡이 나오기 전엔 챙이 없는 모자는 비니가 전부였는데 거기서 롤업하는 귀여운 아이디어가 나온 것처럼요. 이렇듯 모자에도 새로운 시도가 많아지면 좋겠어요. 최근에 일본에 가서 챙이 짧고 흐물흐물한 소재로 만들어진 모자를 사 왔는데 모양도 특이하고 예쁘더라고요. 안타깝게도 어울리진 않아 보관만 하고 있어요(웃음).

많은 사람이 모자를 보면서 재영 씨를 떠올릴 것 같아요. 누군가 특정한 물건을 보고 나를 생각해 주는 기분은 어때요?
모자도 그렇지만, 6699press에서 서울의 사라지는 목욕탕을 담은 《서울의 목욕탕》이란 사진집을 낸 적이 있는데요. 그 뒤로 지인들이 목욕탕 굴뚝이나 간판만 보면 저한테 사진을 보내주더라고요. 인스타그램에 사진을 업로드하면서 제 계정을 태그하기도 하고요. 누군가 무언가를 보고 저를 떠올린다는 것에는 늘 고마운 마음이 있어요.

《서울의 목욕탕》은 사라지는 장소를 기록한 사진집이었죠. 그 사진들을 보면서 사라지는 것의 아름다움에 대해 생각했어요.
사라지기 직전이어서 아름다운 건지, 아니면 원래 아름다웠는데 사라질 때가 돼서야 알게 되는 건지, 뭐든 사라지고 나면 후회가 남는 것 같아요. 소중한 친구가 떠났을 때, 사랑하는 가족이 아플 때, 아끼던 공간이 없어질 때…. 무언가 사라질 때마다 늦기 전에 소중한 존재들을 존중해야겠단 마음을 먹게 돼요. 몇 번의 경험을 통해 제 인식도 많이 달라졌는데요. 과거엔 저를 위해 살고 더 빨리 성장하고 싶어 했다면 지금은 제 주변에서 사라져가는 아름다움을 지키고 기록하는 데 마음을 쏟게 됐어요. 디자인과 출판을 그 방법으로 삼는

거고요. 우리 곁에 이토록 아름답고 소중한 것이 있다는 걸, 있었다는 걸 계속해서 표현하고 말하는 게 중요한 거 같아요.

다른 존재를 존중하기 위해서는 나를 돌보는 일에도 소홀할 수 없을 거예요. 나를 위해 특별히 하는 활동이 있나요?

우울하거나 힘들 땐 주로 책을 읽어요. 최근에는 《우울할 땐 뇌 과학》을 읽었는데 이 책을 통해 우울감이 모든 사람에게 발생할 수 있는 보편적인 감정이라는 걸 이해하게 됐어요. 동시에 우울감을 인정하고 언어화하는 게 중요하겠다는 생각이 들더라고요. 그래서 지난 봄부터 제 감정을 정제해서 글로 적어보고 있어요. 제 상태를 돌아볼 수 있다는 점에서 글쓰기가 감정 상태에 도움이 되는 걸 쓸 때마다 느끼고 있죠.

내가 건강해야 계속해서 아름다운 작업을 선보일 수 있을 것 같아요. 앞으로는 어떤 작업들을 해나갈 예정인가요?

지금 우리는 미래를 논하기가 어려운 시기를 살고 있어요. 저는 요즘 책을 계속 내는 것이 의미가 있을까 많이 고민하고, 종종 허무함도 느껴요. 종이를 낭비하는 건 아닌지, 나 한 사람이 이 사회에 과연 도움이 될지⋯. 요즘 저는 앞으로 6699press가 낼 책보다도 미래 세대에게 느끼는 부채감에 대해 많이 생각해요. 특히 이 시대의 청소년들을 바라보면 미안한 마음이 크죠. 그들을 위해 제가 뭔가를 한다는 것도 무책임한 이야기 같아요. 다만, 그들이 대면한 공포에 귀 기울이고 싶다는 마음은 있어요. 우리 세대가 느끼는 공포와는 다른 공포가 있을 것 같거든요. 그래도 계속해서 출간 준비는 하고 있는데요. 지금은 새로운 '서울의' 시리즈를 준비하며 열심히 지내고 있어요. 《서울의 목욕탕》을 함께 만든 박현성 사진작가와 다시 호흡을 맞춰 《서울의 공원》을 작업하고 있거든요. 도시공원 일몰제로 인해 서울에서 사라질 공원 116개를 작년 8월부터 함께 기록하고 있죠. 다행히 지금은 서울시가 나서서 사라질 공원들을 지켜냈지만, 사라질 위기에 놓였던 장소를 기록하는 건 의미가 있을 것 같아요. 코로나19 시대의 공원을 기록하는 것도 그렇고요. 이렇게 힘든 시대일수록 작업에 지치지 않고 즐거우면 좋겠어요. 무엇보다 모두가 무사하기를 바라요.

선하고, 바르다. 그와 헤어져 돌아가는 내내 그렇게 생각했다. 올곧은 마음으로 뻗어내는 그의 작은 시선과 깊은 생각들이 시나브로 변화를 일궈내리라 믿는다. 그가 만든 것들로 이미 내세상에 한 차례 크게 바뀌었으니까. 여전히 세상엔 아름다움이 많이 남아 있다. 그렇게 믿고 싶다.

The Balance Of Socks And Life

작가 구달

양말과 나란한 기쁨

"실례합니다." 신발을 벗기에 앞서 강아지 빌보에게 인사부터 건넸다. 네 발이 갈색인, 꼭 양
말을 신은 듯한 강아지다. 빌보에게서 시선을 거두고 구달의 방을 찬찬히 둘러본다. 다양한 책
들이 질서를 갖춰 꽂혀 있고 그 중간중간 작고 귀여운 것들이 놓여 있다. 강인한 취향으로 빼
곡한 그녀의 세상엔 유난히 묵직하고 굳건해 보이는 가구가 하나 있었다. 방에 비해 조금 커
보이는 4단 수납장. 세 칸이 양말로 가득한 그 안에서 나는 난생처음 온전한 양말의 세계를 보
았다. 다채로운 소재, 색상, 모양, 패턴으로 가득한 그곳은 미지의 세상만큼이나 흥미로웠다.

에디터 이주연   포토그래퍼 이요셉

"어떻게 생각하면 양말은 참 사소하고 별거 아닌 아이템이에요.
그런데 이렇게까지 공들여서 근사하고 귀엽게 만드는 사람들이 있다는 게 좋아요.
아주 작은 요소로도 기뻐질 수 있다는 게 매력적이죠."

데 워낙 양말에 관심이 많아서 일하는 게 즐거워요. 따로 외우거나 배울 게 많지 않아 판매하는 데 적응도 쉬웠고요. 매장에서 다루는 양말 브랜드만 스무 개가 넘지만 원래 단골이었기 때문에 이미 그 브랜드들을 다 알고 있었어요. 가격대나 소재, 특성 같은 걸 줄줄 꿸 정도로요(웃음). 불편한 걸 굳이 꼽자면 가게까지 가는 게 좀 복잡한 거? 청담동에 있어서 앞뒤로 1킬로씩 걷고 지하철을 세 번이나 갈아타면서 다녀야 하거든요.

판매하는 건 어때요?
사는 거랑은 비교할 바가 못 되지만 파는 것도 재밌어요. 특히 양말을 구경하는 손님들을 보는 게 좋아요. 양말을 보면서 기분이 좋아지는 게 얼굴에 드러나거든요. 대화하는 목소리 톤이나 언뜻 들리는 내용에서도 느껴지고요. 여러 브랜드의 양말이 시즌별로 출시되는데, 점원이기 때문에 사계절 양말을 미리 볼 수 있다는 게 특히 좋아요. 꼭 양말 업계 일원이 된 것 같기도 하고요(웃음).

구매 욕구가 엄청날 것 같아요.
견물생심이라고, 보니까 자꾸 사게 되는데 일하는 매장에서 양말을 사니까 월급을 양말로 받는 느낌이 들더라고요. 최대한 자제하고는 있지만(웃음)….

구달이라는 필명으로 작가 활동도 하고 있죠. 인류학자이자 동물학자인 제인 구달Valerie Jane Goodall에서 따온 이름이라고 들었어요.
처음부터 본명보단 필명으로 활동하고 싶었어요. 친언니한테 어떤 이름이 좋을지 물어보며 아무 단어나 막 던지던 중에 제가 읽던 책 표지가 눈에 띄었어요. 사파리복을 입은 제인 구달이 그려진 표지였는데, 마침 제가 입은 옷이 그 옷과 비슷하더라고요. 그래서 가볍게 "구달로 할까?" 하면서 쉽게 짓게 된 이름이에요. 온라인 서점에서 검색이 잘 안 되는 거 말고는 다 좋아요. 화장품 브랜드 중에 구달이라는 곳이 있는데 거기서 이름이 같은 것도 인연이라면서 신제품을 보내주기도 했어요. 필명 덕분에 SNS에서 독자들에게 '구달이 구달을 쓴다!'는 이벤트도 진행할 수 있었죠(웃음).

대기업 직원에서 출판사 편집자, 독립출판물 제작자, 프리랜서 편집자, 작가까지 그간 해온 일에 대해 들어보고 싶어요.
저는 계획적인 성격은 아니어서 좋아하는 걸 즉흥적으로 따라가며 살았어요. 대학을 졸업하곤 일반 사기업에 취직했는데 지낼수록 제가 조직 생활에 잘 안 맞는다는 걸 깨닫게 되더라고요. 그래서 이왕이면 관심 있는 분야에서 일해보자 싶어서 출판사에 들어갔죠. 출판사에서 지내다 보니 이번엔 제 콘텐츠를 만들고 싶단 생각이 들어서 독립출판을 시작했어

코로나블루라는 말이 생겼을 정도로 어수선한 요즘이에요. 어떻게 지내고 있나요?
외부 활동을 최대한 자제하면서 지내고 있어요. 강아지 빌보랑 산책하고 양말 가게에 나가는 거 말곤 집에서만 지내죠. 양말 가게는 《아무튼, 양말》을 출간했을 때 함께 일해보지 않겠냐는 제안을 받아 출근하게 된 곳이에요. 양말 편집숍인

요. 그걸 계기로 글을 쓰기 시작한 거고요. 그러다 출판사를 그만두고 프리랜서 편집자를 병행하던 시기도 있었는데요. 지금은 양말 매장에서 근무하면서 글을 쓰며 지내요. 처음부터 책과 관련된 일을 하고 싶다고 생각한 건 아닌데, 막상 하고 보니 어릴 때부터 늘 책과 가까운 것에 끌린 것 같아요. 학생 때는 도서관에 갈 때마다 '여기 내가 쓴 책 하나만 꽂혀 있으면 좋겠다.'고 생각하기도 했고요.

꿈을 이룬 거네요. 작가로 지내면서 변한 부분도 있나요?

경험을 쌓으면서 글쓰는 방식이 조금 변했어요. 이전에는 많이 써서 저를 알리는 게 더 많은 글을 불러온다고 생각했어요. 그래서 청탁이 들어오면 어려운 주제여도 일단 수락부터 했죠. 이를테면 '사랑' 같은 거요. 다른 필진들이 만남, 연애, 결혼에 관해 이야기할 때 저는 옷과 이별한 이야기를 적었어요(웃음). 그런 경험을 몇 번 하고 나니까 기회만 잡으려고 하다가는 제가 잘 쓸 수 있는 글과 멀어질 수도 있겠단 생각이 들더라고요. 저에게 맞지 않는 장르의 글이 제 이름으로 나갔을 때 역효과가 날 수도 있겠다 싶었고요. 그래서 요즘은 쓸 수 있고, 써보고 싶고, 잘하고 싶은 주제 위주로 쓰고 있어요.

《아무튼, 양말》은 잘 쓸 수 있겠다 싶은 소재였군요. 출판사에 직접 제안한 글이었다고요.

아무래도 양말은 거의 평생을 좋아해 온 소재니까요. '아무튼 시리즈'를 즐겨 읽는 독자라면 누구나 한 번쯤은 나만의 '아무튼'을 생각해 볼 것 같아요. 저는 곧장 양말이 떠올랐고, 그간의 경험을 모으면 책 한 권은 쓸 수 있겠다 싶었어요. 중

학생 때부터 좋아한 캐릭터 양말부터 하나씩 떠올려보면서 출간 기획서를 만들었어요.

느닷없이 묻고 싶네요. 구달에게 양말이란?

'패션의 완성'이요. 포인트로 삼아 나를 표현하기에 가장 좋은 아이템 같아요. 동시에 제 개성을 표현할 수 있는 가장 소박하고 확실한 방법 같고요. 옷이나 머리 스타일에 개성을 담는 덴 용기가 필요하다고 생각해요. 하지만 양말은 '요만큼' 보이는 거니까 조용하게 개성을 드러낼 수 있어서 비교적 부담이 덜하죠. 빨간 양말을 신든, 시스루 양말을 신든 옷으로 걸쳤을 때랑은 무게감이 다르니까요.

오늘은 어떤 양말을 신었어요?

마더그라운드Mother Ground라는 신발 브랜드에서 나온 제품이에요. 실내에서 만날 테니 앞코가 귀여운 양말이면 좋을 것 같았어요. 저는 양말에 숨겨진 작은 디테일을 좋아하는데, 이 양말은 뒤꿈치 부분이 다른 양말보다 좀더 올라온 형태로 색이 들어가 있어요. 제법 두툼해서 빌보랑 산책하거나 활동량이 많은 날 자주 신는 양말이에요.

양말의 매력이 뭐라고 생각해요?

사실 어떻게 생각하면 사소하고 별거 아닌 아이템이잖아요. 근데 이렇게까지 공들여서 근사하고 귀엽게 만드는 사람들이 있다는 게 좋아요. 양말은 아주 작은 요소로도 기뻐진다는 게 매력적인데 학창 시절엔 그런 작은 기쁨도 규제하는 게 영 못마땅했어요. 이건 《아무튼, 양말》에도 쓴 에피소드

인데요. 한번은 신발을 신으면 흰 양말처럼 보이는, 발등에 캐릭터가 그려진 양말을 신은 적이 있거든요. 아주 자세히 봐야만 양말목이 일반 양말보다 살짝 짧다는 게 보이는 정도였는데 선도부 선생님은 한눈에 알아보시더라고요. 분한 마음에 냅다 교실로 뛰어왔지만 결국엔 양말을 빼앗기고 말았어요. 그땐 정말 화가 나고 억울했어요.

(4단 수납장을 가리키며) 양말은 여기 보관돼 있나요?
네. 이 중 세 칸이 빼곡하게 채워져 있는데, 네 칸을 모두 양말로 가득 채우는 게 목표예요. 첫째 칸에는 좋아하는 양말을 넣었고, 둘째 칸엔 색깔별로 분류해서 넣었어요. 얇은 소재 양말은 상하기 쉬워서 상자에 넣어 따로 공간을 만들어주기도 했죠. 셋째 칸엔 도톰하고 무게감 있는 가을·겨울 양말을 수납했어요.

이렇게 잘 정리된 양말장은 처음 봐요. 가장 좋아하는 양말은 어떤 거예요?
그때그때 바뀌는 편인데 오늘은 모네의 '수련' 양말을 고르고 싶어요. 오래전부터 꾸준히 제 글을 읽어주신 독자가 선물해 준 양말인데요. 런던 내셔널갤러리에 갔다가 제 생각이 나서 구매했다고 하시더라고요. 색도 예쁘고 모네를 좋아하기도 해서 마음에 쏙 들어요. 재밌는 건 메인드인코리아 제품이라는 거예요(웃음). 그래서 더 특별하고 뜻깊어요. 한국이 양말을 잘 만드나 봐요.

(발가락 양말을 가리키며) 이것도 양말인가요? 패턴이 화려해서 꼭 장갑 같아요.
아! 이거 귀엽죠. 캐나다에 연수 갔던 친구가 돌아오면서 사

온 크리스마스 양말이에요. 양발의 색이 다르고 패턴도 달라서 기분이 좋아지는 양말이죠. 크리스마스마다 이벤트 삼아 신고 있어요. 이 옆에 있는 양말은 해리포터 양말이에요. 해리포터 마니아인 형부가 해리포터 굿즈를 정기적으로 배송해 주는 서비스를 받았었는데 그 박스에서 양말만 골라 선물로 줬어요. 이거 신으면 호그와트에 입학할 수 있을 것 같죠(웃음)?

양도 어마어마하네요. 모두 몇 켤레나 돼요?
오늘 정리하면서 세봤는데 빨래통에 넣은 거 말곤 202켤레가 있더라고요. 책을 쓸 때만 해도 88켤레였는데(웃음). 양말 가게에서 일하다 보니까 저희 브랜드에서 만든 양말을 받는 일도 많고, 《아무튼, 양말》 덕분에 선물도 전보다 많이 받거든요. 세기도 힘들어서 오늘도 세다 말고 '그만 셀까….' 싶기도 했어요(웃음).

오래 좋아한 만큼 양말 취향도 달라졌을 것 같아요.
처음엔 패턴 있는 양말을 좋아했어요. 그런데 요새는 소재가 독특하거나 구성이 재미있는 양말들이 좋아요. 예를 들어 레이어가 두 겹씩 있는 양말 같은 거요. 디테일이 독특한 것들에 좀더 관심이 생기더라고요. (푸른색 양말을 꺼내며) 이 양말도 재미있어요. 회화적인 양말을 만드는 브랜드 제품인데, 하늘 위에서 땅을 내려다본 것 같은 풍경이 담겨 있어요. 하늘 저 위에서 본 구름, 땅, 산, 들판, 비행기…. 독특하고 예쁘죠? 어떻게 만드느냐에 따라 디테일이 다 달라서 양말의 세계는 알면 알수록 즐거워요.

양말을 살 때 나만의 원칙이 있나요?
아무리 마음에 들어도 불편하면 사지 않아요. 만져보면 대충

느낌이 오는데 신축성이 없어서 쪼일 것 같은 양말은 사지 않죠. 또, 신줏단지 모시듯 세심하게 신경 써야 하는 양말도 제 취향은 아니에요. 너무 섬세해서 편히 신을 수 없는 시스루 소재거나, 지나치게 하얘서 때 타면 눈물이 날 것 같은 양말도요. 저에게 양말은 신을 수 있어야 해요. 수집하려고 사는 건 아니거든요.

양말에 대한 애정이 어디까지일까 궁금해지는데, 다른 사람의 양말에서 매력을 느낀 적도 있나요?
있죠. 일부러 보는 건 아니지만 다른 사람의 양말이 눈에 들어올 때가 있거든요. 얼마 전에는 지하철역에서 계단을 오르다 제 앞에 가는 중년 여성의 양말을 보게 됐어요. 뒤축이 없는 신발을 신고 계셨는데 뒤꿈치 부분에 커다란 곰이 그려져 있더라고요(웃음). 너무 귀여워서 온종일 기분이 좋았어요. 연예인 중에서도 유독 양말이 눈에 띄는 사람들이 있는데 가수 현아 씨가 그래요. 옷도 잘 입지만 옷과 어울리는 양말을 참 예쁘게 신더라고요.

좋아하는 아이템으로 기억된다는 건 특별한 일 같아요. 양말 애호가로 인정받을 때 어때요?
일단 기분이 좋아요. 뭔가를 보고 저를 떠올려준다는 건 다정한 일이잖아요. 제 앞에서 "구달은 양말 애호가야!"라고 이야기해 주는 것보다 저를 만날 때 가장 아끼는 양말을 신고 온다든지, 제가 선물한 양말을 일부러 골라 신고 나온다든지 하는 걸 보면 내심 기뻐요. 그런 걸 알아차리는 것도 좋고요.

양말을 진짜 좋아한다는 게 느껴져요(웃음). 근데 '진짜 좋아한다'는 건 뭘까요?
직접 다 쓰는 거요. 양말로 이야기하자면 양말장에 넣어두지 않고 신고 즐기고 누리는 거고, 책으로 이야기하자면 직접 읽고 이해하면서 온전히 내 것으로 받아들이는 거죠. 저한테 진짜 좋아한다는 건 사용한다는 거예요. 그래서 저는 열심히 신어서 올이 풀리고 뭐가 많이 묻은 양말이나 자주 읽어서 낡은 책에 더 큰 애정이 생겨요.

좋아하는 게 있다는 건 살아가는 데 큰 활력이 되는 것 같아요.
맞아요. 하지만 뭔가를 좋아할 때 나만 생각하지는 않으려고 해요. 누군가에게 해를 끼치면서까지 즐거움을 누리고 싶진 않아요. 작은 실천이지만, 예전에는 날이 추워지면 울이나 캐시미어 소재 양말을 많이 샀어요. 보드랍고 따뜻하니까요. 그때 산 양말들을 지금도 신기는 하지만 앞으로 동물성 소재의 양말은 새로 사지 않으려 해요. 최근 들어 제 선택으로 다른 존재가 고통스러워해선 안 된다는 생각을 많이 하고 있거든요. 빌보랑 같이 살면서부터 동물권에 대해 더 많이 생각하게 됐는데, 제 개성을 지키면서 동물권도 존중하는

데 고민이 많아요. 아직 갈 길이 멀다고 생각하지만 천천히 더 좋은 쪽으로 변해가고 싶어요.

가치관이 충돌하거나 균형이 잘 맞았던 경험이 있나요?
연결되는 지점을 맞닥뜨린 적은 있어요. 2019년에 황금돼지 해를 기념하고 싶어서 돼지가 잔뜩 그려진 양말을 신었거든요. 한 마리만 황금돼지인 게 귀엽다고 생각하면서 양말 사진을 찍고 그날 저녁으로 돈가스를 먹었는데요. 문득 양말로 동물의 귀여움을 소비하면서 정작 동물을 고통스럽게 죽여 만든 돈가스를 먹는다는 게 모순적이란 생각이 들었어요. 내면과 외면의 가치가 충돌하는 느낌이었죠. 귀여운 양말을 계속해서 신고 싶다면 하지 말아야 할 최소한의 것들은 지켜야겠다고 생각했어요. 그래서 지금은 육식을 하지 않고 있어요.

세심한 고민인 것 같아요. 삶의 태도가 보이는 것도 같고요.
주변 관계들에 영향을 받으면서 조금씩 바뀌어가는 것 같아요. 저만 아름답게 사는 건 아무 의미가 없다고 생각해요. 세상에 있는 모든 요소와 제가 잘 어우러지면 좋겠고, 그러면서도 제 삶엔 저만의 개성이 있으면 좋겠어요. 누군가 깎이고, 어딘가 덜어내지 않아도 조화롭게 어울리는 삶. 그게 진짜 아름다운 삶 같아요.

아름다운 삶을 위해 특별히 노력하는 바가 있나요?
내가 아닌 다른 존재의 눈으로 세상을 보려고 해요. 사람뿐만 아니라 동물의 시각도 고려하려고 하죠. 제 시각은 제 경험에만 의존하니까 좁고 편협할 수밖에 없는데, 그걸 알면서도 익숙하니까 자꾸 제 시선에만 갇혀 있게 돼요. 제가 책을 읽는 것도 좁은 시각에서 벗어나 더 다양한 시각을 경험하기 위해서예요. 앞으로도 살아가면서 모든 사람이 다면적인 존재라는 걸 잊지 않고 싶어요. 저는 누군가 저를 납작하게 보는 게 싫은데, 남들도 분명히 그럴 테니까요. 납작하게 생각하는 건 간편하지만 그러지 않으려고 애쓸 거예요. 애쓰지 않으면 안 되는 일이니까요.

이 양말 신을까, 저 양말 신을까, 이것저것 양말을 바꿔 신다가 결국엔 '에라 모르겠다!' 하고 흰 양말을 신고 나갔다. 왜 양말부터 신고 옷을 입으려고 하면 이렇게나 어려운지 모르겠다고 투덜대자, 그녀가 말했다. 양말에 있는 색깔 중 하나를 골라 옷과 매치해 보라고. 그럼 어느 정도 괜찮은 룩이 완성될 거라고. 그 말을 듣고 집에 돌아온 날, 일기장 구석에 또박또박 그녀의 한마디를 적어두었다. 언제든 양말을 앞에 두고 고민할 때면 생각해내려고.

Beautiful
Bones

뼈가 아름다운 사람이고 싶어서

아프지 않고는 모르는 일이 있다. 내가 얼마나 잘못된 인생을 살았는지, 얼마나 잘못된 뼈를 가지고 살아왔는지. 의사는 내 굽은 뼈를 가리키며 당장 치료가 필요하다 말했다.

글·사진 김건태

좌식 식당이 싫다. 양반다리를 하면 무릎이 시리고, 다리를 쭉 펴면 건너편 사람이 못 볼 걸 봤다는 표정을 짓는다. 그렇다고 무릎을 꿇는 건 너무 경건한 느낌이라 부담스럽다. 문제는 대체로 그런 식당이 맛있다는 거다. 직장 주변의 몇 안 되는 맛집은 죄다 좌식이었고, 물닭갈비를 좋아하는 상사 덕에 일주일에 두 번은 고행하듯 점심을 먹었다. 그리고 식사가 끝나면 개에 물린 사람처럼 다리를 절었다.

한번은 자리에서 일어나려는 순간 난데없이 스파크가 튀었다. 발가락에서 시작한 전기 신호가 장딴지를 타고 허리와 어깨를 찌른 뒤 목뒤로 빠져나간 것이다. 영원처럼 느껴진 찰나에 좀비처럼 몸을 이리저리 꺾다가 대자로 뻗고 말았다. '올 것이 왔군.' 하루하루 몸이 낡아가고 있다고는 생각했지만 이렇게 극적일 줄은 몰랐다. 대책이 필요했다.

물어물어 정형외과를 추천받았다. 공교롭게도 병원을 추천한 이들은 모두 잡지를 만드는 사람들이었다. 나 역시 잡지사에 다닌 이력이 있고, 잡지를 만들면 병원 신세를 진다는 점에서 역시 잡지는 악마의 매체다.

월요일 아침, 병원엔 온통 노인뿐이었다. 병원 대기실에 앉아 노인들과 함께 〈아침마당〉을 보고 있자니 문득 한 친구가 떠올랐다. 그는 살면서 계단을 이용해 본 일이 거의 없다고 했다. 시간이 걸리더라도 반드시 엘리베이터를 찾고야 만다며, 무릎 관절을 지키기 위해 애용하던 농구공을 버렸다. 농구공을 재활용 봉지에 버리는 게 맞는지, 한강에 던지는 게 맞는지 묻던 친구는 심드렁한 나의 반응에 이렇게 말했다. "지금은 비웃겠지만 누가 옳은지는 세월이 판단할 거다."

초진 작성표를 적다 불편한 부위를 적는 문항에서 멈췄다. 단지 부위의 문제라면 차라리 다행일 텐데, 불행히도 나는 나의 불편을 특정할 수 없었다. '몸의 왼쪽 전부'라고 적고, '찌릿찌릿'이라고 덧붙였다. 피카츄 그림을 그리려다 얼굴이 생각나지 않아 관뒀다. 엑스레이를 찍고 체온 측정을 마친 뒤 의사와 면담했다. 진찰실에서 의사는 척추가 S자로 휜 엑스레이 사진을 가리켰다. "자, 보이시죠?" 아름다운 곡선이었다. "이게 김건태 씹니다." 네, 선생님. 그 뼈가 저군요. 의사는 왼쪽과 오른쪽 다리의 체온이 다른 것으로 미뤄볼 때 디스크가 의심된다고 했다. 신경이 눌려 혈액 순환이 원활하지 않은 쪽의 온도가 낮은 거라고. 그는 엑스레이를 가리키며 평소 나의 행실을 예단했다. "다리를 꼬는 습관이 있죠?", "아뇨, 저는 다리를 꼬지 않는데요.", "서 있을 때도 삐딱하게 짝다리 짚고 그러죠?", "아뇨, 선생님. 저는 양쪽 다리 공평하게 정자세만 고집합니다.", "잠잘 때 한쪽 방향으로만 누워서 자고 그러잖아요.",

"아뇨, 군대 때 버릇이 남아서 차렷 자세로만 자는 걸요.", "아니, 왜 병원에서 거짓말을 합니까?" 선생님은 화가 난 것 같았다. 어떻게든 내 잘못을 지적하고 다음 단계로 넘어가고 싶은 듯했다. "어, 어쩌면… 여행을 다닐 때 카메라를 한쪽 방향으로만 매던 습관 때문인지도 모르겠어요.", "바로 그거죠. 그겁니다. 아주 잘하셨어요." 뭘 잘했다는 건지는 모르겠지만, 그가 웃으니 나도 기뻤다.

의사의 말을 정리하자면 이랬다. 순수하게 뻗은 최초의 척추가 가방 때문에 한쪽 방향으로 휘었고, 휜 척추의 균형을 맞추려 습관적으로 반대쪽 몸을 더 사용한 것이 지금의 기형적인 모양을 만들었다는 것. 문제를 문제로 덮으려 하니 문제는 해결되지 않고 더 큰 문제가 되었다는 게 그의 설명이었다. 그러면서 이 사달을 해결하려면 집중적인 치료가 필요하다고 했다. "선생님, 그게 무엇인가요?"

회당 13만 원짜리 도수치료가 그의 대답이었다. 최소 10회를 받아야 하니 실질적으로는 130만 원을 한 번에 지불해야 한다고…. 원죄를 씻기 위한 벌금치고는 가혹했다. 의사의 웃는 얼굴이 내 지갑을 털기 위한 위선의 가면처럼 느껴졌다. 이 하찮은 몸뚱어리에 그만한 돈을 쓰는 건 범죄가 아닌가? 손사래를 치며 자리를 박차려는 순간 의사가 말했다. "늦으면 더 많은 돈이 필요할 거예요. 잘 생각하세요." 이것은 협박인가? 잠시 후 간호사가 거들었다. "선생님, 다음 환자 들여보낼까요?" 불안감을 조성한 다음 그것을 생각할 시간마저 빼앗는다. 멋진 전략이었다. 몇 번이고 합을 맞췄을 콤비 플레이에 감탄하며, 나는 어느새 100만 원이 넘는 돈을 일시불로 결제했다. 다행히 들어 둔 보험이 있었고, 실비를 청구하면 일정 금액을 돌려받을 수 있다고 했다. 피눈물 같던 보험료를 조금이나마 회수할 수 있다고 생각하자 슬쩍 웃음이 나왔다. 인간은 이렇게 단순하다.

도수치료는 두 단계를 병행했다. 기구를 사용하는 자세 교정 트레이닝과 근육을 직접 만져 풀어주는 마사지 치료가 순차적으로 이어졌다. 트레이너는 크고 비싸 보이는 기구의 사용법을 알려주고는 멀찌감치 떨어져 기구를 고장 내지 않는지 감시했다. 타이머를 손에 쥐고 내가 약속된 자세를 버티지 못하면 가까이 다가와 실망했다는 표정을 짓기도 했다. 행여 그가 고개를 젓기라도 하는 날이면 세상이 무너진 것 같은 기분이 들었다.

한편 마사지 치료는 1인용 침대에서 이뤄졌다. "자, 오늘은 어디가 불편하십니까?" 그날그날 불편한 부위를 말하면 치료사는 숙련된 정육사처럼 통증 부위를 손질했다. 엄지에 체중을 실어 뭉친 근육 어르고 달랬다. 아니다. 달랬다기보단 옥박지르는 방식으로 통증을 분산시켰다. 참다못한 내가 소리를 지르면 기다렸다는 듯 옆방에서도 앓는 소리가 들렸다. 그러면 치료사는 소기의 목적을 달성했다는 듯 통쾌하게 웃었다. 치료사의 컨디션이 좋은 날에는 모든 방에서 동시에 샤우팅이 터지기도 했다. 모르긴 몰라도 도수치료사들 중에는 분명 사디스트가 있다.

도수치료를 받으며 정말로 효과가 있느냐는 질문을 많이 받았다. 한번 굽은 척추가 다시 정상
으로 돌아왔느냐고. 기적이 일어났느냐고. 사실 치료를 시작하며 많은 기대를 했고, 모든 과
정이 끝나고 완벽한 직립 인간이 되길 바랐다. 하지만 앉은뱅이를 일으키고 눈먼 자를 밝게
하는 건 오직 신의 영역이었다. '1만 시간의 법칙'에 따르면 2시간짜리 도수치료를 5천 번은
더 받아야 하고, 그러려면 130만 원이 아니라 6억 5천만 원 정도가 필요하다는 점도 뒤늦게
깨달았다. 애초에 불가능한 미션이었다.

그렇다고 이 모든 것이 헛짓인가 하면 그건 아니었다. 두어 시간 운동을 하고 마사지를 받으
면 일단 기분이 좋았다. 적어도 1그램 정도는 몸에 좋은 일을 했다고 생각하면 뿌듯해졌다.
그렇지만 의사의 말처럼 치료 효과는 영구적인 것이 아니고, 그를 유지하는 데 더 큰 노력이
필요하다는 걸 이제는 안다.

도수치료를 받는 동안 가장 많이 듣는 말은 "견디세요."였다. 코어의 힘을 기르기 위해 견뎌
야 하고, 일자목에 곡선을 만들기 위해 견뎌야 하며, 사디스트의 지압을 견뎌야 했다. 그 견디
라는 말은 치료가 끝난 뒤에도 환청처럼 내 귓가에 머물렀다. 핸드폰을 보려고 고개를 내리는
순간, 카페에서 다리를 꼬는 순간, 지친 몸을 소파에 모로 눕는 바로 그 순간순간마다 '견디세
요 요정'이 나타났다. 그는 경멸하는 눈빛으로 나를 보며 속삭였다. "이딴 자세로 있을 거면
돈은 왜 썼어? 고기나 사 먹지." 그럼 나는 슬그머니 자세를 고쳐 앉는다. 내 아름다운 뼈에
양보한 고기를 생각하며 입맛을 다신다.

People Who Live Every Day

매일을 가진 사람들

사진을 찍고 시를 쓰고 서점을 가는 하루하루. 평범하고도 지루한 일상들.
그렇지만 반드시 빛나는 어떤 것. 양양과 패터슨 그리고 우즈키의 오늘.

글 김지수

반쪽을 보려는 아이

〈하나 그리고 둘〉(2000)
에드워드 양

"양양, 사람을 그렇게 뚫어져라 보면 안 돼.
버릇없는 거야. 그 사람이 기분 나쁠 수 있단다."

"왜 우울해하는지 궁금해서요.
뒤에서 보면 알 수 없잖아요."

"우울한 건 어떻게 알고?"

"어젯밤에 큰 소리 내며 싸우는 소리를 들었거든요.
내 방까지 다 들렸어요.
아빠, 아빠가 보는 걸 난 못 보고
난 보는데 아빤 못 봐요.
둘 다 보려면 어떻게 해야 하죠?"

"그건 생각 안 해봤는데,
그래서 카메라가 필요한 거란다.
카메라로 찍어 보렴."

"우린 반쪽짜리 진실만 볼 수 있나요?"

"무슨 말인지 모르겠구나."

"앞만 보고 뒤를 못 보니까
반쪽짜리 진실만 보이는 거죠."

사람들의 뒷모습을 사진으로 기록하는 소년 양양. 아빠에게 선물 받은 카메라로 앞에서는 보이지 않는 절반의 진실을 찾고 싶어 한다. 양양이 찍은 사진 속 사람들은 모두 혼자만의 일을 간직하고 살아간다. 남들에게 말하기 어렵고 밖으로 꺼내기 힘든 일들이다. 소년은 그런 사정을 아는지 모르는지, 카메라를 들고 셔터를 누르며 반쪽짜리 진실을 좇아간다.

친구의 고민을 듣다가 위로받은 적이 있다. 걱정 없이 살고 있을 거라 생각했는데 그에게도 나름의 고통이 있었다. 친구에겐 미안하지만 나만 상처받으며 인생을 살아가는 게 아니란 생각에 안심했다. 이 영화를 보는 시간은 그때와 같은 위로가 되었다. 첫사랑을 만나 갈팡질팡하는 NJ, 마음이 아파 집을 떠난 민민, 할머니의 사고를 자신의 탓이라고 생각하는 팅팅까지. 진실을 숨기고 살아가는 사람들의 뒷모습은 언제나 외로워 보인다. 조금 잔인하지만 그 외로움은 영화를 보는 누군가에게 용기가되기도 한다.

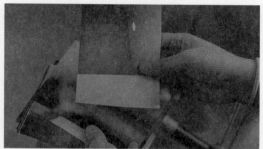

사람의 앞이 인생의 밝은 부분이고 뒤가 어둠이라면 양양은 어둠을 기록하고 있었다. 타인의 어둠을 알고 싶어 하는 소년의 마음이 기특해 응원하고 싶은 마음이 새록새록 피어난다. 결혼식으로 시작해서 장례식으로 마감하는, 만남으로 시작해서 죽음으로 끝나는 영화는 여럿의 잔상을 남기고 떠난다. 주변을 돌아보는 시선, 뒷모습을 담는 양양의 카메라, 반쪽짜리 진실을 보이는 얼굴들까지.

시로 기억하는 하루

〈패터슨〉(2016)
짐 자무시

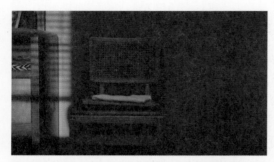

© 〈패터슨〉

한 줄
오래된 노래가 있다
할아버지가 즐겨 부르던 노래
거기엔 이런 질문이 있다
차라리 물고기가 될래?
같은 노래 속에
노새와 돼지로 바꾼 질문도 있다
하지만 내 머릿속에서
가끔 들리는 건 물고기에 관한 것뿐
바로 그 한 줄
'차라리 물고기가 될래?'
마치 그 노래의 나머지는
거기에 없는 것 같다

일정한 패턴처럼 돌아가는 그의 일상. 패터슨시에 사는 패터슨은 매일 같은 하루를 산다. 그의 몸은 일어나는 시간을 기억하고, 잘 정리된 옷은 늘 같은 자리에 있다. 버스 운전사인 그는 매일 같은 노선을 돌고 돌 뿐이다. 하지만 그 사이 작은 변화는 매 순간 벌어지고 있다. 일어나는 시간은 같지만 조금씩 차이가 있고, 입는 옷은 같은 자리에 있지만 매번 바뀐다. 버스를 운전하며 듣는 승객들의 대화도 매일 다르다. 패터슨은 이렇듯 조금씩 변화하는 일상을 '시'로 기록하고 있었다. 매일 시를 쓴다는 것은 같지만 이 또한 매일 다른 문장으로 채워가고 있다.

대학 시절, 어떤 교수님은 매주 수업을 시작하기 전에 학교 앞 이름 모를 산의 풍경을 찍으라고 하셨다. 그때의 나는 영문도 모른 채 늘 핸드폰으로 사진을 찍곤 했는데, 영화 속 패터슨의 시를 가만히 읽다 문득 그때 그 앞산의 풍경이 떠올랐다. 늘 같은 자리에 있지만 매번 조금씩 다르게 보이던 그 풍경이. 어쩌면 사는 이유가 이런 것 아닐까. 우리는 종종 왜 사는가에 관한 질문을 자기 자신에게 던지곤 한다. 평범하기 짝이 없는 패터슨의 일상을 보다가 그 질문의 답을 찾은 것도 같았다.
매일 같은 일상이 반복된다면 우리는 왜 내일을 위해 노력할까. 패터슨은 영화 막바지에 그동안 모아둔 시를 모두 잃고 만다. 하지만 우연히 만난 시인에게 새로운 시집을 선물 받는다. "때론 빈 페이지가 커다란 가능성을 만들기도 하죠." 지나가듯 흐른 대사가 마음을 맴돈다.

패터슨은 선물 받은 시집을 들고 집으로 돌아가는 길에 새로운 시를 쓴다. 습관처럼 쓰여진 시는 어느새 한 권의 노트를 채우고 있을 것이다. 그렇게 패터슨의 하루는 '시'로서 기억되고 일상 속의 작은 변화는 그를 매일 아침 눈 뜨게 한다.

© 〈패터슨〉

심심한 일상의 의미

〈4월 이야기〉(1998)

이와이 슌지

성적이 안 좋은 내가
대학에 합격했을 때
담임 선생님께서는 기적이라고 하셨다.
하지만 어차피 기적이라고 부를 거라면,
난 그걸
사랑의 기적이라고 부르고 싶다.

© 〈4월 이야기〉

벚꽃이 흩날리는 계절이 되면 꼭 꺼내 보는 영화가 있다. 〈4월 이야기〉는 한 해의 시작을 알리는 봄을 배경으로 우즈키의 심심한 일상을 그린 영화다. 아직 겨울이 다 가지 않은 홋카이도를 떠나 머나먼 도쿄의 무사시노로 온 우즈키. 벚꽃이 눈처럼 내리는 풍경 가운데 서툰 마음으로 첫 독립 생활을 시작한다.

영화는 그녀의 모든 처음을 꾸밈없이 담고 있다. 대학에 입학해 동기들과 첫인사를 나누고, 난데없이 플라잉 낚시를 시도하며, 낯선 이웃과 보내는 어색한 식사 시간까지. 시작이라는 것은 언제나 서툴고 기묘한 법. 일관되게 엉거주춤한 우즈키의 행동들은 지난날 나의 처음을 떠올리게 한다. 어쩌면 부끄러운 추억으로 남을 그녀의 하루하루는 이렇게 잔잔히 이어진다.

영화는 이대로 아무런 사건이 일어나지 않을 것처럼 흘러가지만 말미에 엄청난 비밀을 밝히고는 갑자기 끝을 낸다. (그 사건 속엔 그녀가 홋카이도에서 무사시노로 온 이유가 담겨 있다.) 결말마저 시작인 우즈키의 이야기는 어떻게 흘러갈까. 그리고 나의 모든 처음은 어땠는가. 흑백처럼 느껴지던 그녀의 소소한 하루들에 짙은 색이 더해지는 장면이다. 마지막 장면은 이 영화의 반전 포인트이기 때문에 여기에 밝히지는 않겠다. 그녀의 또 다른 시작이 궁금하다면 영화를 꼭 보길 권한다. 지금 겪고 있는 계절이 어떻든, 〈4월 이야기〉의 마지막 씬을 보는 시간은 언제나 봄일 것이다. 그리고 그 봄이 주는 감정은 언제나 떨리는 설렘일 것이다.

멀리 달아나며 늘 함께

Friends Who
Help Me To Find

나를 발견하게 돕는 존재들

창문을 끝까지 밀어서 열며 가을을 맞이한다. 이쪽에서 들어온 바람이 반대쪽 창문
으로 나간다는 생각을 하면 왠지 집이 더 넓어지는 것만 같다. 가을 하늘도 이런 식
으로 높아지는 것 아닌가. 완두와 나는 이렇게 부푸는 기분을 무척이나 좋아한다.
마치 바깥과 안쪽이 하나가 되는 기분. 집을 깨끗이 청소하고 나서 침대 밑에 넣어
둔 커다란 플라스틱 박스를 꺼내면 완두가 꼬리를 흔든다. 거기에는 집이 아닌 바깥
에서 잘 수 있게 마련해 둔 텐트와 침낭, 작은 의자와 랜턴 같은 것들이 들어 있다.

글·사진 전진우

가끔 기억나는 강의 내용

대학 때 운 좋게 들은 교양 수업에서 유목민의 생활에 관한 이야기를 들은 적 있다. 그들이 한 자리에 정착하지 않고 살아가는 방식, 말 그대로 이동의 미학에 관한 것이었다. 농사가 아닌 똑똑한 사냥의 기술, 견고함 대신 사라지는 것을 염두에 둔 건축 같은 이야기들. '유목민에겐 역사가 없다'고 교수가 말했을 때 강의실 분위기는 조금 술렁거렸다. 무언가를 정립하고 지키려는 정주민들과, 경계 없이 살아가며 끊임없이 파괴하는 듯한 유목민 사이의 갈등에 관해서도 말한 것 같다. 어쩐지 그런 대립이 요즘에도 있고 또 지금 이 강의실 안에서도 있겠구나, 그때 나는 생각한 것 같다.

정주민과 유목민. 지난날을 되돌아보면 나는 틀림없는 정주민이었다. 집을 구하고 물건을 채우고 잃기 두려워하며, 또 한편 그 안에서 반복되는 기쁨과 편안함을 좋아했으니까. 하지만 재미있는 것은, 그것들이 가끔은 내 겉모습 같고 속마음은 모두 뒤엎고(정확히 말하면 다른 식으로 얻고) 싶기도 했다는 점이다. 나라는 서랍 안에 정주민과 유목민이 함께 살아가고 있다니. 왠지 그 생각이 마음에 들었다.

캄캄Calm Calm 산악회

내 친구 H는 나처럼 개와 함께 살아가는 남자 어른인데, 나에게 가끔 캠핑을 다니자고 여러 번 말해준 사람이기도 했다. 100만 원이 있으면 필요한 장비를 살 수 있고 그 뒤로는 전혀 돈 드는 게 없다고 말하며 비밀 지도를 보여주듯 내게 장비 리스트를 건네준 사람. 내가 그 비밀 지도의 내용을 잊을 만하면 H는 내게 장비를 하나씩 선물로 주었다. 티타늄 수저 세트라든지, 미니멀한 개인 쓰레기통 같은 것처럼, 대단한 건 아니었지만, H는 이제 품절돼서 구할 수 없다는 말과 함께 그 물건들을 건넸다. 돌아보면 그것도 어쨌든 고마운 일이었지만, 나는 친구 없이 혼자서도 종종 산에 다니는 H를 보며, 그리고 혼자 다니면서도 산악회 이름까지 짓는 걸 보며(캄캄 산악회), 캠핑의 가치를 미뤄 짐작해 보곤 했다.

캠핑에 필요한 장비를 한꺼번에 다 사버린 것은 작년 이맘때쯤, 완두와 내가 본격적으로 같이 살게 됐을 무렵이었다. 목줄 산책만으로는 답답해 보이던 완두와 마음껏 걸을 수 있다는 생각이 결정적이었다. 비밀 지도는 제대로 펴서 보니까 100만 원이 아니라 200만 원이 필요하다고 적혀 있었지만, 그래도 일단 다 사버렸다. H의 말대로 그걸 다 사고 나니까 정말 드는 돈이 없어서, 잠깐 속았다는 생각에 구겨져 버린 내 마음도 이제는 쫙 펴졌다. 게다가 산에 가보니 정말 좋아서 나는 H와 함께 비밀 지도를 더 치밀하게 만들어 몇몇 친구들을 꼬시기에 이르렀고, 이제는 그 멤버들이 다섯 명도 넘어서, 시간 맞는 이들끼리 삼삼오오 모여 산에 다니고 있다.

버리고 뒤엎는 기분

내가 옷장에서 옷을 집어들 때마다 완두는 다가와서 냄새를 맡는다. 입었던 옷을 또 입으면 산책을 가는 줄 알고, 청바지 같은 걸 입으면 친구들 만나러 가는 줄 아는 완두. 그러다가 바스락 소리가 나는 기능성 옷을 꺼내 입으면 어느 때보다 눈이 커진다. 침대 밑에 있는 커다란 플라스틱 박스를 꺼내 배낭을 꾸리면 확신에 찬 얼굴로 기뻐한다. 곧이어 친구에게 전화가 오고, 우리를 태우러 온 차가 집 앞에 서면 배낭을 메고 내려가 반갑게 인사를 나눈다. H도 있고 그와 함께 사는 개 댄디도 있고 캄캄 산악회 멤버들과, 가끔은 꽃님이와 심코라는 개도 있다. 개를 그다지 좋아하지 않는 완두도 '캠핑 가는 날'을 뜻하는 메시지로서 다른 개들을 반긴다. 산에 도착하면 개들은 폭죽처럼 차에서 뛰어내려 실컷 뛰고 새로운 냄새를 맡고 풀 위에 널브러져 잠든다. 개들처럼 우리도 많이 걷고 이야기하다가 침낭을 덮고 잔다. 단 몇 시간, 하루나 이틀 동안은 이동을 위해 걷고 불편함 쪽으로 걷고 넓음 속으로 걸어보는 것이다. 더 가고 싶으면 더 가고 갑자기 멈추고 싶으면 거기 멈춰서 원래는 잘 수 없는 곳에서 잔다. 잠자리 펴고 끼니를 때우는 것 말고 꼭 해야 할 일도 없는 저녁. 우스운 생각이니까 한 번도 말해본 적 없지만, 나는 그런 행동들이 좋아서 '내가 유목민이 되고 싶었구나.' 혼자 생각한 적도 있었다.

그날의 강의에서 (아무리 생각해도 무정부주의자였던) 그 교수는 유목민에게는 땅이 없다고 말했다. 무언가를 세우고 규칙을 만들고 이상적인 세계를 구축할 토대인 땅 말이다. 유목민에게는 그런 것이 필요 없다고 말하며, 정주민들이 땅을 갈고 닦다가 죽는 운명에 처해 있다고 말했다. "유목민에게는 텐트만이 필요할 뿐입니다." 이 문장 속의 텐트가 내 배낭에 있는 그 텐트가 될 수야 없겠지만, 오늘 밤 필요한 모든 것들을 등에 메고 풀 사이를 걷는 동안에는 어쩐지 균형이 맞는 것 같다고 해야 할까. 오직 지금 내가 가지고 있는 것만이 필요하다는 생각에 마음이 떨리곤 한다. 터벅터벅 걸으며, 어쩌면 나는 모든 것을 버리고 싶어 하는 것 같다고 생각하는 것이 왜 그렇게 벅차게 느껴지는지 모르겠다. 두 가지 양상의 삶을 번갈아 가며 사는 기쁨일까. 산에서 간소하게 지내다 보면 청소해 놓고 나온 집 생각에 또 몸이 나른해진다. 그런 생각들 속에서 나는 캠핑이 나만을 위한 것 같다는 확신이 들어서, 나를 이끌어 준 주요 인물 H와 완두에게 전할 수 없는 고마움 같은 것을 느낀다. 비밀 지도에는 사실 내 이름만이, 다른 사람의 글씨로 적혀 있었을 뿐이다.

My Dear Jumpsuit

옷이 날개가 되는 이야기

만일 어느 날 옷이 날개가 되고, 그 날개로 날게 된다면 그 옷은 점
프슈트일 것이다. 그렇게 믿는다. 그 이야기를 하고 싶다. 옷을 입
고 나는 이야기. 옷이 나를 날게 해준 이야기. 최초에 하늘을 날기
위해 만들어진 옷, 점프슈트를 입고 자유롭게 날고 싶다는 이야기.

글 정다운 사진 박두산

열네 번째
점프슈트

오늘도 점프슈트 한 벌이 배송되었다. 나의 열네 번째 점프슈트. 세일 기간에 정상가의 절반도 안 되는 가격으로 '해외 직구'로 구매한 옷이다. 라지 사이즈만 남아 있었고, 내가 결제했더니 바로 'SOLD OUT'이 붙었다. 실은 색깔만 다르고 디자인이 거의 흡사한 같은 브랜드의 점프슈트가 이미 있는데 몇 년을 닳도록 입어서 실제로 조금 닳았다. 엉덩이 부분이 학창 시절 매일 입던 교복 치마처럼 반질반질해진 것 같아서 입을 때마다 신경 쓰이곤 했다. 입을 때마다 '똑같은 거 한 벌 더 살 걸…' 후회하는 옷 중 하나라, 이 점프슈트를 발견했을 때 안 살 수가 없었다. 얇은 재질의 여름용 점프슈트라, 본격적으로 입으려면 아직 한참을 기다려야 하지만 그런 건 사실 아무 문제가 되지 않는다. 점프슈트는 유행을 타지 않는다. 당연하다. 한 번도 유행한 적이 없기 때문이다.

세일 기간 각종 사이트를 들락거리는 동안 사실 가장 마음에 들었던 옷은 상의는 긴팔, 하의는 적당히 짧은 반바지에 부드럽고 두툼한 진Jean 재질로 만들어진 것. 한여름과 한겨울만 제외하고는 입을 수 있을 것 같다. 한번 사면 오래 입을 것 같은 디자인이다. 하지만 가격이 40만 원에 육박했고, 끝내 세일을 하지 않아서 결국 장바구니에 담아만 두어야 했다. 세일 기간뿐 아니라 평소에도 일주일에 두세 번쯤은 단골 쇼핑 사이트들에 들어가서 점프슈트 카테고리로 직행해 옷을 둘러본다. 이 글을 쓰다가 또 점프슈트 구경에 30분쯤 시간을 허비했다.

점프슈트를 입고 점프!

점프슈트는 낙하산을 타고 하늘에서 땅을 향해 뛰어내릴 때 입기 위한 용도로 처음 만들어졌다고 한다. 그래서 이름에 뛴다는 뜻의 '점프Jump'가 들어간 것이다! 높은 고도의 추위로부터 몸을 보호하고, 옷이 낙하산의 중요한 작동을 방해하지 않도록 만들어진 특수한 옷이라고 한다. 그러다 미군 전투복으로 쓰이고, 비행기 정비사나 청소부들이 입는 등 점차 활용 폭이 넓어지면서 주로 야외 작업복으로 많이 입었다. 레이서들이 자동차 사고로부터 몸을 보호하기 위해서 입기도 하고, 관리의 간편함 때문에 죄수복으로도 입는다. 잘 알다시피 우주복도 점프슈트다.

아는 목수님은 목공 일을 할 때 언제나 점프슈트를 입는다. 허리춤에 연장통을 걸고 일을 하는데, 바지를 입으면 연장통 무게 때문에 자꾸 바지가 흘러내려 신경 쓰인단다. 하지만 점프슈트를 입으면 그럴 일이 없어 정말 편하다고 했다. 게다가 사이즈가 넉넉한 점프슈트는, 입은 옷 위에 그대로 덧입을 수 있어서, 일을 마치고 먼지 묻은 점프슈트만 벗으면 바로 다른 약속에 갈 수도 있어 좋다고 한다. 목수님의 점프슈트 예찬을 듣다가 나는 그만 그와 하이파이브를 할 뻔했다. 사실 내 주변에 점프슈트를 입는 사람은 거의 없고, 나는 점프슈트를 입고 다니는 사람과는 언제든 하이파이브를 할 준비가 되어 있다.

내 인생 첫 점프슈트는 몇 년 전 스페인에서 만났다. 낯선 도시를 현지인인 것처럼 느긋하게 걸으며 여행하는 걸 좋아한다. 현지인들이 사는 것과 비슷하게 하루를 살면 비로소 여행을 잘하고 있는 것 같은 기분이 든다. 그곳을 제대로 느끼고 있다는 마음이 든다. 그러려면 우선 그 도시와 친해져야 한다. 가장 손쉬운 방법은 겉모습을 비슷하게 만드는 것이고, 결국 의식주를 맞추는 거다. 그 도시 사람들이 사는 집과 비슷한 곳에서 자고, 그 도시 사람들이 즐겨 먹는 음식을 따라 먹고, 거기에 그 도시에서 파는 옷까지 사서 입으면 나도 현지인이 된 듯한 기분이 든다. 물론 착각에 불과하지만 그렇다.

몇 년간 살 계획으로 도착한 바르셀로나. 스페인식 오래된 아파트를 얻어 짐을 풀었고, 동네 시장에서 장을 봐 와서 음식을 해 먹었다. 그러는 동안 집 근처 골목이 금세 익숙해졌다. 이제 옷만 스페인 사람들처럼 입으면 된다. 스페인에 도착한 건 늦봄이었고, 이미 바르셀로나에는 여름이 와 있었다. 스페인 사람들은 여름이면 민소매 셔츠에 짧은 반바지를 입고 거리를 활보한다. 남녀노소 다들 그렇다. 나도 그들처럼 입어볼까 하며 옷 가게에 들어갔다. 하지만 옷을 고를 때마다 습관처럼 '한국에서도 이 옷을 입을 수 있을까?' 하는 생각을 했다. 그리고 결국 평범한 원피스 한 벌 사서 나왔다. 구입처가 바르셀로나라는 것만 빼면 한국에서 입던 옷과 크게 다르지 않았다. 아무튼 스페인에서 산 옷이니, 현지인이 되었다고 대충 결론지었다.

나의 첫 번째
점프슈트

어느 날엔가 자주 가던 상점에 반팔 반바지에 옅은 하늘색 진으로 만든 점프슈트가 걸려 있는 걸 보았다. 문득 '어, 한번 입어 볼까.' 하는 마음이 들었다. 가벼운 마음으로 옷을 갈아입고 나왔는데, 어라, 나쁘지 않다. 원래 청바지와 청남방을 좋아하는 편이라, 청으로 위아래가 모두 이루어진 옷이 썩 잘 어울렸다. 다만 짧은 바지 길이가 조금 신경 쓰였다. 그리고 점프슈트라니 평범한 내가 입기엔 너무 튀는 옷 같았다. 살 작정으로 입어본 것은 아니었으니까 다시 옷걸이에 걸어두었다. 잠자리에 누웠는데 자꾸 그 옷이 떠올랐다. 하지만 내가 입을 수 있는 옷은 아니었으니까. 옷이란 것은 입고 싶다고 다 입을 수는 없는 거라고 생각했으니까. 그 옷이 걸어오는 말을 무시했다. 용기가 필요한 일이었고 용기가 부족했다.

두어 달이 지나 세일이 시작되었고. 그 옷은 50퍼센트 세일 가격을 붙인 채, 걸려 있었다. 지나다 그 옷을 발견한 순간 불쑥 사버렸다. 세일이 용기를 불어넣어 준 셈이다. 점프슈트를 사 들고 집에 돌아오는데 처음 오토바이에 타거나, 처음 고수를 먹거나 하는 순간과 비슷한 기분이 들었다. 말하자면 어떤, 선을 넘은 것 같았다. 그해 여름 이 옷이 없었으면 대체 외출을 어떻게 했을까 싶을 만큼 줄곧 그것만 입었다. 그리고 지난 다섯 번의 여름 동안 한결같이 나의 충실한 여름 교복이 되어주었다.

사실 나는 물론 점프슈트가 편해서 입기도 하지만 그보다 '멋있어서' 입는다. 넉넉한 사이즈의 점프슈트를 입기도 하지만 몸에 착 붙는 걸로 골라 입는 날도 있다. 등 부분이 훌쩍 파지고 바지 길이가 무척 짧은 점프슈트도 한 벌 가지고 있다. 점프슈트를 입은 나를 좋아한다. 점프슈트를 입고 거리를 걷는 내가 정말 좋다. 조금 더 내 인생 내 것 같은 기분이 되어버린다. 옷 한 벌 챙겨 입는 것만으로 내가 좋아진다니. 그렇다면 매일 입어도 되는 거 아닌가. 계절마다 한 벌씩 새로 사도 괜찮지 않을까. 나는 게 별건가. 다른 사람의 시선 같은 건 신경 쓰지 않고 내가 입고 싶은 옷을 입고 가고 싶은 곳을 향해 걸을 수 있으면 나는 거지. 이 글도 일부는 점프슈트를 입고 썼다. 점프슈트를 입고 조금 더 과감해진 내가 쓴 문장이 나는 더 마음에 든다. 아니 그렇다면 글쓰기용 점프슈트를 하나 사야겠다.

Breathe
In Peace

평화롭게 숨 쉬다

어느새 요가복은 일상복처럼 우리 생활에 자연스럽게 자리 잡았다. 출근길 지하철에서, 사거리 한가운데서 요가복을 입고 일상을 보내는 사람들의 풍경이 익숙하다. 타이트한 요가복이 민망하다고 여기던 일이 먼 옛날처럼 느껴지기도 한다. 남들의 시선을 뒤로하고 오직 자신을 위한 선택, 내가 편안하고 자유롭기 위해 하는 당연한 선택이다. 이런 시대에 새롭게 등장한 요가복 브랜드 '브리피스'는 또 다른 흐름을 몰고 왔다. 꽉 잡아 몸을 가두지 않는, 넉넉한 모양의 요가복으로 몸에 좀더 많은 숨을 불어넣는다. 그렇게 천천히, 또 깊숙이 우리의 하루에 녹아든다.

에디터 김지수 포토그래퍼 이요셉 자료 제공 브리피스

산책과 평화의 공기

"Breath In Peace." 브리피스는 평화롭게 숨 쉬는 일의 소중함을 이야기한다. 사람의 생각과 감정을 비추는 마음의 거울이 바로 '숨'이라 말한다. 매일 공기를 마시는 일은 너무도 당연해서 인지하기 어렵지만 숨쉬기가 불편해지는 순간 그 역할은 절실해진다. 그렇기 때문에 자유롭게 호흡하는 일은 나를 위해 가장 중요한 첫걸음이며, 우리 몸을 감싸는 옷이야말로 정말 편안해야 한다는 이야기다. 디자이너이자 요가 강사인 박정애 디렉터는 어느 날 산책을 하다 브리피스 이름의 의미를 떠올렸다. 그녀가 요가를 하는 이유, 평화로운 숨의 가치를 추구하는 마음이 이름의 뜻과 함께 깃들어 있다.

"꽤 오랜 시간 여성복 디자이너로 일하면서 피로감이 많이 쌓였어요. 몸과 마음이 지치던 날들이었죠. 그렇게 일을 그만두고 공허한 감정을 달래기 위해 시작한 것이 요가에요. 후에는 요가 강사로 일하게 되면서 요가복에 관한 고민을 하기 시작했죠. 브리피스는 산책을 하던 어느 날 문득 떠올린 이름이에요. 저에게 가장 필요한 것, 요가를 하는 사람에게 어울리는 가치를 담았죠."

일상과 요가, 자연의 색

그녀가 요가를 배우고 가르치는 동안 가장 필요했던 것은 건강을 지킬 수 있는 요가복이었다. 기존의 요가복은 타이트하게 몸을 잡아 균형감을 주지만 요가복을 입고 벗는 과정이 번거롭기도 하고 때로는 여성 질병을 부르기도 한다. 브리피스의 요가복은 몸을 조이지 않고 움직임을 자유롭게 하며, 부드러운 소재를 사용해 옷이 주는 마찰을 최대한 줄인다. 그렇게 몸이 쉴 수 있는 공간을 넓힌다. 요가를 하며 불편했던 점을 보완하는 과정은 브리피스만의 특징으로 자리 잡았다. 운동복과 평상복을 넘나드는 브리피스만의 디자인은 일상생활과 요가 하는 시간을 구분하지 않아 자유로운 요가 생활을 도와준다.

"종종 작은 요가복에 제 몸을 구겨 넣는다는 느낌을 받았어요. 더운 여름에는 건강에 문제가 생기기도 했죠. 건강해지려고 필라테스나 요가를 하는 건데 오히려 나빠지고 있으니 대처가 필요하다고 생각했어요. 요가복은 가격도 만만치 않기 때문에 사람들이 더 자주, 다양하게 활용할 수 있도록 만들고 싶었어요. 그렇게 일상복과 요가복을 넘나드는 디자인을 구상하게 됐죠."

브리피스 요가복은 편안함과 동시에 특별함도 함께 가져간다. 그리고 그 특별함은 그들이 자연을 보는 시선에서 온다. 익숙하고도 일상에 환기를 주는 자연 본연의 색을 발견하는 일. 사람을 둘러싼 땅과 나무, 날씨와 온도에서 느낄 수 있는 모든 풍경이 브리피스만의 색이 되어 우리 몸을 감싼다.

"자연과 삶 속에서 쉽게 얻을 수 있는 소재로 제품 이름을 지었어요. 'Earth'나 'Forest', 'Warmth' 등 날씨나 어떤 시간에 따른 온도, 벽돌이나 노을의 색감 등 여러 자연과 사물이 함께 어우러졌을 때 생기는 이미지를 바탕으로 했죠. 자연이 주는 감정을 브리피스만의 컬러로 표현하려 해요. 하나의 색을 특정하지 않고 보는 사람들마다 다른 느낌을 가질 수 있도록 하고 싶어요."

comment | 박상미 | 요가강사

"요가와 함께한 지 어느새 5년이라는 시간이 지나고 있네요. 처음 요가를 알게 된 건 유학 생활을 할 때였어요. 제가 혼자 외롭고 힘들 때 중심을 잃지 않게 도움이 된 게 요가였어요. 매트 안에서 집중하는 시간이 매트 밖으로도 이어지면서 삶이 주는 순간을 오롯이 더 잘 느낄 수 있었죠. 브리피스의 요가복은 그런 순간을 더 가깝게 해줘요. 몸을 감싸는 요가복과 제가 숨을 쉬며 함께 움직이는 느낌이 들어요. 요가를 하는 소중한 시간을 더욱 선명하게 하죠."

내 몸을 놓아주는 시간

언제부턴가 알 수 없는 미의 기준들이 우리를 가두고 있다. 누구 건지도 모를 시선을 따라서 내 몸을 인위적으로 바꾸는 일은 인지하지 못하는 새에 벌어졌다. 그저 내 몸을 놓아주면 안 되는 걸까. 가파르게 살던 하루하루 속 바쁘게 움직이는 내 몸에 숨을 불어넣어 주고 싶다. 무조건 편안한 것이 아름다운 것은 아닐 테지만 적어도 오늘만은 그랬다. 나를 불편하게 하던 모든 것에서 멀어지는 일, 내 몸을 받아들이고 나를 인정하는 과정, 브리피스가 만든 자연 스러움을 입어보는 것이다.

"여자라면 아름답기 위해 강요당하던 기준들이 있어요. 가령 브래지어를 착용해야 한다는 점이 요. 불편하지 않다면 다행이지만 몸을 힘들게 하면서까지 반드시 할 필요는 없다고 생각했어요. 브리피스는 그런 관점을 벗어난 옷들을 구상하고 있어요. 이름에 걸맞게 우리가 만든 옷을 입는 사람들에게 건강한 자유로움을 주고 싶어요. 최근에는 환경을 위해 브리피스가 할 수 있는 일들을 고민하기 시작했어요. 좋은 소재를 사용해 오래 입을 수 있는 옷을 만드는 게 자연을 위한 일이 아닐까, 생각하고 있죠. 이제 브리피스는 다가올 계절을 준비하려 해요. 가을과 겨울을 위해 만든 요가복들은 지금보다 더 일상복에 가까운 아이템으로 선보일 예정이에요. 사람들에게 브리피스가 더욱 가깝게, 일상 속 깊이 스며들기를 바라요."

H. brepeace.com

A Piece Of Beauty
And Music

아름다움 한 조각

'내면의 아름다움'이라. 나는 지금 나하곤 사소한 연관도 없을 저 단
어 앞에서 우물쭈물, 갈팡질팡하는 중이다. 내면의 중요성을 모르지
않는다. 당연히 그렇다. 나이 들면서 육체는 쇠퇴를 피할 수 없지만
어떤 정신은 또렷해진다. 거기에 깊이가 스며들고, 때로는 확장마저
일궈낸다. 그리하여 누군가는 보통 사람의 삶을 사는 철학자가 된다.

글 배순탁 (음악평론가, 〈배철수의 음악캠프〉 작가)

등골이 오싹해질 때

육체의 전성기는 보통 20대 혹은 30대다. 반면 내면의 전성기는 60대, 70대가 되어서야 강림할 수도 있다. 어떤 분을 예로 들 수 있나 싶어 내 방 책장을 쭉 둘러본다. 우연일지 몰라도 고故 황현산 선생이 쓴 《밤이 선생이다》가 유독 눈에 띈다. 그래. 맞아. 저런 분이야말로 내면의 아름다움을 지녔던 경우라고 할 수 있겠지. 적어도 지금의 나에게는 어림 반 푼어치도 없을 아득한 경지다. 고요한 듯 준엄하게 치솟은 산봉우리다.

그래서일까. 행여 나에게는 영영 찾아오지 않을 수도 있겠다 생각하면 등골이 오싹해진다. 숨이 턱하고 막힌다. 대체 어떻게 하면 내면의 아름다움, 길어낼 수 있단 말인가. 나는 어제도 술에 취해 개똥 같은 글을 인터넷에 싸질렀다. 오해 말기를 바란다. 나는 평생 악플 따위 달아본 적 없다. 진짜다. 하나, 자고 일어나면 땅을 치고 후회할 게 뻔한 그런 글을, 내일 후회할 줄 알면서도 쓴다. 이거 참, 멍청하기 이를 데가 없다.

그 와중에 좀 있어 보이고 싶은 욕망에 이런저런 수식은 왜 이리 주렁주렁 달아놓았는지. 나는 온갖 수사로 가득한 내 글이 조금씩 정돈되고, 뼈대만 남은 채로 핵심을 찌를 수 있기를 바라고 또 바란다. 주어와 동사, 형용사 몇 개로 잊히지 않는 문장 쓸 수 있기를 소원한다. 비단 글쓰기의 영역에서만은 아니다. 나는 내가 자기 자신을 유지할 줄 알고, 자기도취의 블랙홀에 빠지지 않을 수 있기를 갈망한다. 그런데 영 쉽지가 않다.

이렇게 생각한다. 아름다움은 아름다운 것만 바라보고 추구한다고 해서 성취할 수 있는 성질의 것이 아니다. 오히려 반대다. 빛과 희망이 아닌 비극을 직시할 수 있는 용기를 지녔을 때 우리는 내면의 아름다움, 겨우 싹 틔울 수 있을 것이다.

얼어붙은 내면의 바다

이를테면 영화 보기를 논해볼 수 있다. 이 세상에는 그저 넋 놓고 보는 영화가 있는 반면 (문법적으로는 오류지만) '보아내야 하는' 영화가 있다. 그대여. 혹시 전쟁이 낳은 비극을 그린 영화 〈그을린 사랑〉 (2010)을 본 적 있나. 이 영화를 본다는 건 정말이지 고통스러운 결정이다. 그러나 어떻게든 그걸 보아내는 순간, 당신의 내면이 송두리째 흔들리는 경험을 할 수 있을 것이다.

어디 〈그을린 사랑〉뿐일까. 당신이 애써 찾지 않아 그렇지 엄존하고 있는 세계의 비극에 대해 고민하게 해줄 영화 목록에는 끝이 없다. 불편할 것이다. 그러나 무라카미 하루키가 언급했듯이 "불편하다는 느낌은 새로운 영감이 떠오를 만한 문턱에 도달했음을 의미"하기도 한다. 그렇다. 책만 도끼가 될 수 있는 게 아니다. 얼어붙은 내면의 바다를 내리쳐줄 도끼 같은 영화나 음악만으로 이 지면을 (과장 하나 안 보태고) 다 채울 수 있다.

적어도 나에게 내면이 아름다운 사람이란 이런 사람이다. 타인의 고통에 공감하는 능력을 지닌 사람 말이다. 하긴, 누군가의 고통을 외면하는 사람을 아름다운 사람이라 부르기엔 아무래도 곤란하다. 한데 더 큰 문제가 있다. 타인의 고통을 외면하는 걸 넘어 혐오하는 문화가 들불처럼 번지고 있다는 거다. 혐오와 조롱, 멸시와 분노가 이 세계의 구석구석까지 깊숙하게 퍼져 있다. 혐오는 마치 시대의 정언명령처럼 보인다. 이쯤 되면 디폴트값이 아닐까 싶을 정도다.

과연 이런 세계에서 내면의 아름다움, 어디에서 구해야 한다는 말인가. 어쩌면 위에 언급한 〈그을린 사랑〉 같은 영화와 이 음악이 선생이 되어줄 수 있을 것이다. 왜 뜬금없이 이 영화를 자꾸 거론하는 거냐고 묻지 마시라. '결혼'에 대해 다룬 지난 호 글에서도 강조했듯이 이건 불현듯 강림한 나만의 느낌이다. 나도 안다. 느낌은 희미하고, 순간적이다. 그러나 순간적이고 희미하다는 바로 그 이유로 근본적인 내면의 진실을 담아낼 수도 있는 거라고 나는 믿는다.

Radiohead
'You And Whose Army'

영화 〈그을린 사랑〉의 오프닝 곡이다. 참고로 라디오헤드는 자기 곡 다른 매체에 쓰지 못하게 하는 걸로 악명이 높다. 어지간해서는 허락하지 않는다. 그런 그들이 이 영화에 삽입되는 것에는 동의했다니, 이것만으로도 〈그을린 사랑〉은 관람각인 영화였다. 처음 영화를 보게 된 이유는 썩 소박했던 셈이다.

기본적으로는 정치인을 비판하는 노래다. 라디오헤드는 이 곡에서 정치하는 자의 위선에 대해 서늘하게 냉소한다. 언젠가 대가를 치를 거라고 차갑게 경고한다. 바로 이 곡이 국가/종교 간 전쟁의 비극을 담아낸 이 영화에 쓰인 이유다.

필연이라고도 말할 수 있을 것 같다. 인간이 모이면 분쟁이 발생한다. 아귀다툼을 벌이고, 집단의 이름으로 거리낌 없이 인간의 개별성을 말살한다. 가수 조르주 브라상Georges Brassens은 "인간은 여럿이 모여 봐야 좋을 것이 없다. 인간은 네 명 이상만 돼도 멍청해진다."고 노래했다. 미안하지만 그가 틀렸다. 인간이 모이면 인간은 잔인해진다. 신과 국가의 이름으로 벌어진 전쟁을 통해 얼마나 많은 피를 흘려야 했는지 한번 계산해 보라. 계산하다 나가떨어질 게 분명하다. 존 레넌John Lennon이 그의 곡 'Imagine'에서 국가도 없고, 종교도 없는 세상을 꿈꾼 이유다.

그 와중에 〈그을린 사랑〉은 종국에 가서 아주 작은 희망 하나, 건져낸다. 삶의 진창 속에서 처박힌 채로 기어코 아름다움 한 조각을 이끌어낸다. 이런 음악, 이런 영화 도무지 잊으려야 잊을 수 없다.

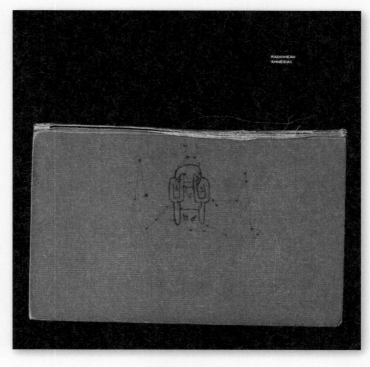

[Amnesiac](2001)

The First Step For Vegan Beauty

비건 뷰티 첫 걸음

앞뒤 재지 않고 자신만을 위해 소비하는 이들이 점점 줄고 있다. 바꿔 말하면 무언가를 사기 전에 내가 아닌 것, 그러니까 자연환경이나 다른 생명체의 안녕을 고려하는 이들이 늘고 있다는 이야기다. 동물성 원료를 배제하고 동물실험을 반대하는 '비건 뷰티'가 주목받고 있는 것도 같은 맥락이다. 비건이라는 공통된 정체성 안에서 각기 다른 방향으로 나아가고 있는 다섯 개의 브랜드를 살펴보고, 마음 씀씀이마저 아름다운 화장품의 세계로 들어가 보자.

에디터 이다은, 사진 원씽, 멜릭서, 세럼카인드, 베이지크, 글로썸

진정한 하나의 가치, 원씽

01

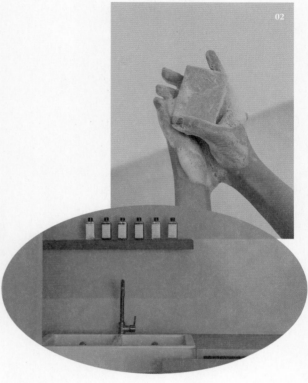

02

마음에 드는 제품을 집어 들었다가도 터무니없는 가격을 보고 나면 고개를 갸우뚱하게 된다. 최유미 대표는 우연히 신문 기사를 읽다가 화장품의 원가가 화장품 가격의 10퍼센트 안팎이라는 기사를 읽고 무언가 잘못되었다고 느꼈다. 의아함을 품고 뷰티 업계를 관찰하면서 고가 브랜드와 저가 브랜드에 사용되는 원료의 가격과 품질에 큰 차이가 없다는 것을 알게 되었고, 불필요한 비용은 걷어내고 꼭 필요한 가치에 집중하겠다는 마음으로 '원씽ONE THING'이라는 이름의 브랜드를 론칭했다. 병풀, 어성초, 인진쑥 등 한 가지 원료로 하나의 제품을 만들기에, 가격은 합리적이고 기능은 확실하다. 원씽의 제품은 단독으로 사용해도 좋지만 자신의 피부 타입에 효과적인 추출물을 적정 비율로 배합할 수 있다는 게 가장 큰 장점이다. 소비자들에게 자사 제품과 기존에 쓰던 화장품을 섞어 사용하기를 권하기도 하는데, 이런 부분에서 브랜드의 정직함과 자신감이 자연스럽게 드러난다. 올해 말과 내년 초에는 헤어, 바디 제품이 원씽만의 스타일로 출시될 예정이고, 현재 활발하게 활동 중인 일본, 중국, 동남아 등 해외 시장 사업을 더 확대할 계획이다. 이미 동물성 원료를 배제하고 동물 실험을 반대하고 있지만 이를 더 확고히 하기 위해 비건 인증도 진행 중이다.

원씽은 개인의 아름다움은 타인의 시선이 아니라 자신의 시선에 달렸다고 믿는다. 그들이 만든 제품이 그렇듯, 먼저 자신을 객관적으로 바라보고 진짜 가치 있는 것이 무엇인지 알아야 진정한 아름다움을 찾아낼 수 있음을 잊지 않기 위해 노력한다.

01 청귤 추출물
청정 지역 제주에서 1년 중 8-9월 딱 한 달간만 수확이 가능한 유기농 청귤을 사용한다. 비타민C와 항산화 물질인 폴리페놀, 플라보노이드 함량이 풍부하고 카로티노이드 성분과 펙틴이 함유되어 피부 톤 개선과 잡티 관리에 도움을 준다.

02 어성초 티트리 비누
혈관 노폐물을 배출해 주는 쿠에르치트런 성분이 함유된 어성초와 과다 피지, 모공 문제에 도움을 주는 티트리를 원료로 한 핸드메이드 비누. 특별히 배합된 천연 오일 성분 덕분에 세안 후에도 당기지 않고 보습감이 유지된다.

H. onething.kr

더 나은 삶을 위한 선택지, 멜릭서

melixir
vegan skincare

01

02

'완전 채식주의 화장품, 혁신적인 기술, 지속가능한 소재 사용'이라는 세 가지 약속을 내세우는 '멜릭서melixir'는 단순히 외적인 아름다움을 추구하기보다 진정으로 더 나은 삶의 선택지를 제안하기 위해 탄생했다. 이하나 대표는 7년 동안 화장품 회사에서 일하며 건강하지 않은 성분과 화려한 포장이 우리 신체와 환경에 악영향을 미친다는 사실을 깨달았다. 미국에서 처음 식물성 화장품을 접한 이후, 비거니즘을 스킨케어로 확장한다면 친환경적인 속성으로 제품을 만듦과 동시에 피부에도 효과적일 수 있다는 메시지를 널리 알리고자 했다. 그녀는 멜릭서를 "여러 겹으로 이루어진 브랜드"라고 표현했는데, 브랜드의 건강한 철학이 비건과 채식주의자라는 한정된 카테고리를 넘어 다양한 소비층의 공감을 얻고 있기 때문이다. 이런 공감은 멜릭서의 엄격한 성분 기준, 자연 성분에 기초하면서도 철저하게 과학 기술에 기반하는 제조 과정, 심플하고 감각적인 디자인이 구축한 폭넓은 믿음의 결과다. 멜릭서가 추구하는 아름다움은 사람과 자연이 지속적으로 공존하는 것이며, 제품 역시 우리 몸과 자연 모두의 부담을 줄이는 방식으로 만든다. 피부 알레르기를 예방하기 위해 성분을 최소화하고 용기 및 포장재에도 최대한 재활용이 가능한 소재와 FSC 인증 지류를 사용한다. 올해 안에 선크림, 세럼, 립 버터, 크림 등 새로운 제품을 출시할 계획이며, 내년에는 더 많은 제품을 선보일 예정이다. 화장품 브랜드에서 한 걸음 나아가 사람들의 건강한 삶의 방식을 이끌어낸다는 궁극적인 목표를 이루기 위해 스킨케어뿐 아니라 운동할 때도 사용할 수 있는 기능적인 제품도 개발 중이다.

01 비건 립 버터

벌꿀이나 비즈왁스 대신 천연 비건 재료인 아가베를 원료로 한 립 버터. 번들거리지 않는 자연스러운 질감으로 성별 구분 없이 추천한다. 석유 추출 성분인 바세린과 미네랄 오일을 배제해 안심하고 사용할 수 있다.

02 비건 릴리프 페이셜 크림

녹차와 햄프씨드로 건조한 피부를 24시간 맑고 촉촉하게 가꾸어주는 젤 타입 크림. 특히 성분 아크제로ACZERO와 병풀 추출물이 과도한 피지 분비를 조절해 민감한 피부에 진정 효과를 준다.

H. kr.melixirskincare.com

SERUMKIND

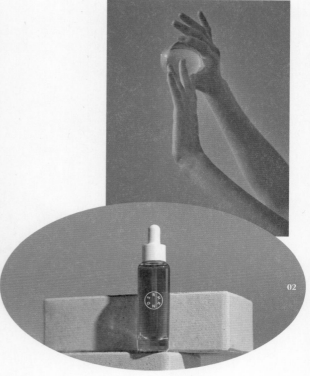

자연과 동물을 사랑하는 크루가 모여 만든 화장품은 무엇이 다를까? 첫째는 크루얼티 프리, 비건, 유전자 조작 유래 원료 무첨가, 파라벤 무첨가, 친환경 패키지라는 엄격한 클린 뷰티 기준을 바탕으로 만들어진다는 점이고, 둘째는 '피부는 복잡한 존재지만 의외로 단순함을 원한다'는 철학을 따라 세럼이라는 하나의 제품군만을 선보인다는 점이다. 여러 단계를 거치는 세심한 관리보다 피부가 원하는 하나에 집중하기를 택한 결과다. 그래서 '세럼카인드SERUMKIND'의 세럼 한 병에는 최상의 원료, 최대의 함량, 최고의 순전함이 담겨 있다. 지금까지 출시된 여섯 가지 세럼의 원료는 각각 모과, 블랙 튤립, 아이슬란드 이끼, 남극의 미생물 안타티신, 적양배추, 자근과 산자나무 열매로, 화장품에 흔히 쓰이지 않아 특별하고 그만큼 피부에 효과적이다.

세럼카인드는 우리가 자신의 삶에 집중하는 만큼 동물과 자연환경을 고려하는 의식 있는 소비와 라이프스타일을 제안한다. 지난 8월에는 '펫라이프 with 세럼카인드' 캠페인을 통해 미니 세럼과 반려묘, 반려견 스카프와 스티커를 키트로 출시하면서 수익금을 모두 동물자유연대에 기부하기도 했다. 10월에는 시베리아산 차가버섯 추출물을 가득 함유해 겨울철 건조한 피부를 건강하게 채워줄 '차가 차징 드롭'을 새롭게 출시했으며, 앞으로도 의미 있는 캠페인을 지속적으로 진행할 예정이다.

01 아이슬란드 이끼 드롭
강인한 생명력을 지닌 이끼, 그중에서도 아이슬란드 평원과 용암지대 경사면에서 3억 5천 년 동안 자라온 아이슬란드 이끼 추출물 77퍼센트를 정제수 대신 담았다. 묽은 에센스 타입으로 피부에 산뜻한 수분막을 형성하여 탁월한 보습 효과를 느낄 수 있다.

02 퍼플 캐비지 드롭
필수 영양소를 모두 포함해 완전 식품으로 불리는 적양배추. 정제수 대신 제주도 유기농 적양배추 추출물 63퍼센트를 담았다. 적양배추에 풍부한 안토시아닌으로 피부를 편안하게 진정시켜 주고, 베타글루칸이 충분한 수분을 공급해 피부에 진정이 필요할 때 추천한다.

H. completone.com/serumkind.html

BEIGIC

01

02

'베이지크BEIGIC'의 남궁현 대표는 10년 동안 화장품 업계에서 일해온 베테랑이다. 시세이도 싱가포르 지사에서 근무할 당시 잦은 해외 출장 때문에 심각한 피부 트러블이 생겼고, 그때 처음 비건 화장품을 만났다. 세럼도 크림도 아닌 묵직한 제형의 화장품을 바르고 피부가 점차 개선되는 과정을 몸소 느낀 후 본격적으로 비건 화장품을 공부하기 시작했다. 그리고 2018년, 비건의 치유의 힘과 심미적인 만족감, 따뜻한 감성을 담은 브랜드 베이지크를 론칭했다. 베이지크의 기본 원칙은 '최고의 원료만이 최고의 화장품을 만들 수 있다'는 것이다. 스킨케어 효과가 입증된 식물성 원료만으로 제품을 만들며, 핵심 원료로는 공정무역으로 수급된 그린 커피빈을 사용한다. 프리미엄 페루산 커피 원두는 항산화 물질, 비타민E, 필수 지방산이 풍부해 피부를 맑고 건강하게 가꾸어 준다고 알려져 있어 동물성 원료를 대체하기에 충분하다.

"Time For Yourself." 브랜드 슬로건은 바쁜 하루 속에서도 오롯이 자신에게 집중하는 시간을 의미한다. 그 시간을 통해 바로 오늘, 자신의 고유성을 마주하고 하루하루 조금씩 달라지는 나다움을 인지하기를 바란다. 나다움을 자연스럽게 표현하는 이들에게서 뿜어져 나오는 존재감과 자신감이 베이지크가 믿는 진짜 아름다움이다. 베이지크는 비건 베이킹 클래스 등의 이벤트를 진행하며 브랜드가 추구하는 라이프스타일을 소비자들과 공유해 왔다. 앞으로도 다양한 클래스를 이어갈 예정이며, 커피가 주원료인 만큼 카페와 여러 가지 컬래버레이션을 준비 중이다.

01 데미지 리페어 트리트먼트 마스크
자극적인 실리콘 계열 성분들은 제거하되, 실리콘이 주는 부드러운 느낌을 비건 원료만으로 재현한 헤어 트리트먼트 마스크. 그린 커피빈 오일, 아르간 오일 및 비타민E가 함유되어 손상된 모발의 회복을 돕고 윤기와 탄력을 개선하는 데 효과적이다.

02 리제너레이팅 오일
최상급 원두에서 추출한 그린 커피빈 오일에 피부 활력과 재생에 우수한 아르간 오일과 로즈힙 오일을 더해 건조한 날씨에도 피부에 지속적인 보습감과 광채를 주는 오일. 빠르게 흡수되어 끈적임 없이 산뜻하게 마무리 된다.

H. beigic.com

01

02

비건 뷰티에 따라오는 '착하지만 조금은 투박한' 이미지를 걷어내기에 매진하는 브랜드도 있다. 2019년 5월 론칭한 '글로썸GLOSOME'은 비건 뷰티 제품을 더 쉽게, 더 좋은 원료로, 더 예쁘게 선보이려는 고민으로 탄생했다. 김민경 이사는 많은 비건 뷰티 브랜드가 박스를 제작할 때 크라프트지를 사용하는 것을 보고, '왜 꼭 크라프트지 박스여야만 할까?' 하는 의문을 품었다. 크라프트지는 분명 친환경 소재지만 비건 제품에 입문하는 소비자들에게는 매력적으로 다가오지 않을 수 있다는 생각이 들었기 때문이다. 글로썸은 크라프트지 대신 FSC 인증을 받은 종이를 사용해 디자인에 제한을 없앴다. 그리고 잉크 사용을 줄이기 위해 종이에 글자 모양대로 압력을 주어 돌출되게 하는 형압 인쇄로 패키지를 제작하면서 환경과 디자인을 모두 고려한다. 패키지에 이렇게 공을 들이는 이유는 포장재와 그 속에 담긴 제품들, 그리고 제품에 사용된 원료에 아름다움이 골고루 스며들기를 바라기 때문이다. 소비자들에게 내면과 외면의 아름다움을 일관성 있게 보여주는 것이 글로썸이 추구하는 아름다움이다.

글로썸은 일상에서 웰니스를 추구하는 건강한 라이프스타일 브랜드로의 확장을 앞두고 있다. 최근 화학적 원료를 첨가하지 않은 천연 인센스 '팔로산토'를 선보였으며 이어서 로즈마리, 코팔, 미르 등 자연에서 얻을 수 있는 천연 향 제품을 다양하게 선보일 예정이다. 함께 출시한 '홀리스모크 인센스 버너'는 신진 도예 전문 작가 임경아와 디자인부터 제작까지 모든 공정을 함께했으며, 이후에도 신예 작가들이 한 단계 도약할 수 있도록 지속적으로 작업을 이어갈 예정이다.

01 러브사이클 로즈쿼츠 페이셜 괄사

100퍼센트 브라질산 천연 원석인 로즈쿼츠를 깎아 만들어 환경에 무해한 마사지 툴이다. 막힌 림프와 혈류 순환을 케어해 전반적인 피부 건강에 도움을 준다. 한 손에 잡히는 사이즈로 볼, 미간, 목선 등에 45도 각도 이하로 부드럽게 마사지해 주면 편안함을 느낄 수 있다.

02 라이트 마이 스킨 미스트

정제수 대신 80퍼센트 이상의 병풀잎수를 사용하고 72종의 천연 이온 미네랄을 함유한 미스트로 피부 진정에 효과적이다. 잔잔하게 흩뿌려지는 안개 분사 펌프는 미스트 입자가 피부에 고르게 안착하도록 돕는다. 휴대용 사이즈로 들고 다니면서 수시로 뿌려주면 좋다.

H. glosomebeauty.com

Harvest

오래된 매듭의 무늬

보자기에 곱게 싸인 다과 꾸러미를 받을 때마다 감탄했다. 지구 반대편에서
시작한 브랜드가 우리 문화를 어떻게 이만큼 잘 담아내는 걸까. 로컬 문화에
대한 관심과 존중으로 각국에 스미는 이솝은 우리의 추석을 기억하고 반긴다.

글 하나 사진 윤동길

Of Aesop

Chapter. 1

하나되는 계절을 기념하며

추석이 다른 명절보다 흥거운 건 모두가 하나되는 풍요 때문이 아닐까. 함께 모여 음식을 나누어 먹고, 보름달을 기다리며 도란도란 웃는 시간. 사람의 온기가 없다면 가을은 꽤나 쌀쌀한 계절이다. 거리 두기 캠페인이 길어져 애가 타던 시기에 이솝은 어라운드를 찾았다. 사람들이 고립된 가을을 맞이할까 안타까운 마음에서다. 이대로라면 모두가 공허한 추석을 맞이할 터였다. 다가올 계절을 이야기하다 문득, 우리가 같은 생각으로 이어져 있다는 데 기뻤다. 멀찍이 떨어져도 연결되어 있는 관계. 가을에 기억해야 하는 것은 바로 이것이 아닐까.

올해 캠페인은 추석의 기원 중 하나인 가배嘉排를 모티브로 했다. 가배는 노동의 결실을 기뻐하며 축배를 들고 함께 즐기던 신라의 축제다. 이때의 기록에서 유독 눈에 띈 건 잘 짜인 천을 든 사람들이다. 신라 부녀자들은 서로의 집에 드나들며 베 짜는 '길쌈'을 마친 후 둥글게 모여 노래하며 춤췄다. 지금까지도 이 문화를 고스란히 이어 '길쌈놀이'를 하는 지역이 있는데, 천과 한데 어우러진 이들의 모습은 마치 곱게 엮인 실처럼 보인다. 이들을 통해 관계의 무늬를 들여다보기로 했다. 선조의 문화를 통해 우리 곁에 존재하는 이름들을 떠올려보기로 한 것이다.

Chapter. 2

이웃과 가족의 품으로

캠페인 타이틀 '오래된 매듭의 무늬'는 관계의 잔상을 떠올리게 한다. 이솝은 서로 연결된 사람들을 비출 이미지로 섬유 예술가 한선주의 작품을 골랐다. 실과 대나무 가지를 한데 엮은 그의 작품에서는 직조의 멋과 깊이, 삶에서 머물러 온 시공간에서 영감을 받아 오래도록 베를 짜온 이의 향수를 느낄 수 있다. 어라운드는 작품의 단 단한 짜임과 아름다운 무늬를 사진과 영상으로 담아 캠페인 타이틀에 걸맞은 이미 지를 만들었다. 캠페인 이미지와 영상은 캠페인 기간 전국 이솝 스토어와 카운터에 전시되었고, 또 시그니처 스토어인 가로수길점과 삼청점에는 작품이 실물로 설치되 기도 했다. 이와 더불어 캠페인은 작가 박경리의 문장을 빌려 메시지를 건넸다. "무 릇 모든 생명이 더불어 살 수 있다." 작중 인물들로 세상의 다양한 인간상을 보여주 는 소설 《토지》의 한 구절이다. 이렇듯 이솝은 우리 문화와 작품들을 재해석해 관계 의 소중함을 돌아보는 시간을 마련했다. 매년 로컬 작가와의 컬래버레이션으로 한 국의 문화를 우아하게 재해석해 온 브랜드가 가진 또 하나의 언어다.

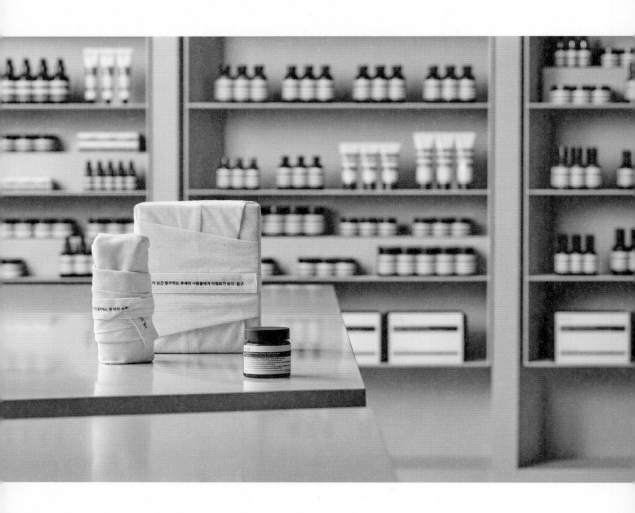

Chapter. 3

정성스러운 마음을 담아

더불어 살아온 삶이 여느 때보다 애틋한 한 해. 삶의 가치와 취향을 이야기하는 어라운드와 함께한 이솝 하비스트 캠페인은 올해 우리에게 가족과 친구 그리고 고마운 사람들의 이름을 물었다. 넉넉하고 따뜻했던 그들의 품을 떠올리며 가을을 매듭짓는다. 단단하고 아름다운 무늬를 남기며.

"무릇 모든 생명이 더불어 살 수 있다." -박경리

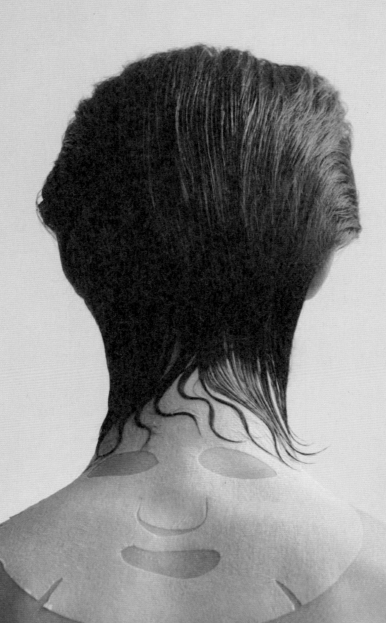

No Fixed
Answer

정답 없는 상상

새로움 혹은 강렬함. 가로수길 한가운데 커다란 건물 속 탬버린즈의 이미지는 그랬다. 단순히 보는 것만으로도 느껴지는 신선한 감각은 적잖은 충격을 남겼다. 홀린 듯 들어간 그곳엔 시작을 알 수 없는 이미지들의 연속이 있었다. 정해진 답이 없는 상상, '탬버린Tambourine'이라는 단어가 주는 유쾌함과 밝은 에너지, 연주하는 사람에 따라 변화하는 무언가. 탬버린즈가 말하는 아름다움은 그런 것에 있었다.

에디터 김지수   자료 제공 탬버린즈

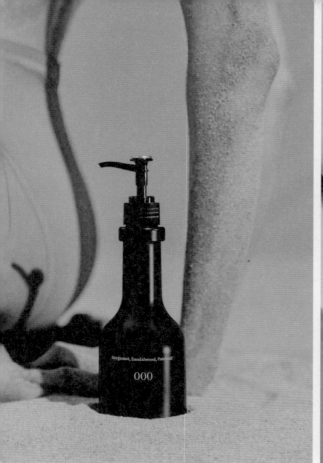
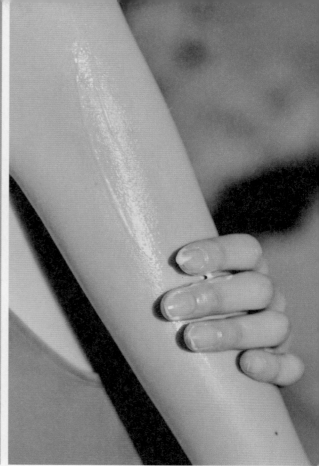

조용한 오늘의
생경한 장면

"예측 불가한, 끊임없이 호기심을 자극하는 브랜드의 가치를 꾸준히 전개합니다."

블랙 앤 화이트, 달걀과 모래, 무채색의 꽃과 다양한 색을 가진 사람들. 탬버린즈가 표현하는 일상의 사물은 일반적이지 않다. 직관적으로 눈에 보이는 아름다움을 좇기 이전에 예상을 뛰어넘는 이미지를 투영하고 있다. 향을 매개로 보이지 않는 아름다움을 말하는 과정에서 탬버린즈만의 무드는 탄생한다. 2017년 가을, 탬버린즈는 아티스트와의 협업을 통해 새로운 이미지를 갖고 첫 번째 아이템, 'NUDE H. AND CREAM'을 선보였다. 핸드크림 제품 한 가지를 중심으로 태양을 연상하는 오브제와 나란히 채워진 공간은 단순히 핸드크림을 사는 행위를 넘어 그들이 만든 아트와 그 속에 담긴 의미를·함께 소유한다는 인상을 남긴다. 손에 크림을 바르는 일상적인 순간에 떠오르는 탬버린즈만의 독특한 장면은 잔잔한 하루에 커다란 파도를 일으킨다. 이런 순간이 모여 나 자신에게 특별한 선물을 주는, 또 다른 시간이 완성된다.

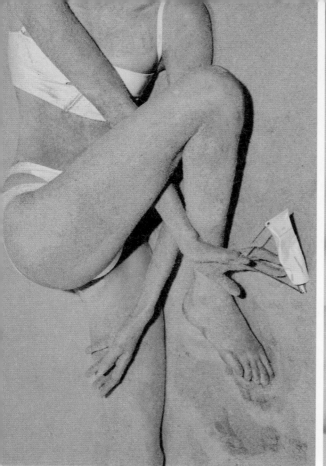

규칙 없는 감각을
경험하는 공간

탬버린즈 이전에 젠틀몬스터가 있다. 강렬한 이미지의 아이웨어 브랜드 젠틀몬스터는 전혀 다른 영역의 아름다움을 보여주고 싶은 갈증을 탬버린즈로 해소하고자 했다. 탬버린즈 스토어 역시 그들의 해석이 녹아 있는데, 공간을 단순히 구매를 위한 매장이라고 인식하는 것을 넘어 브랜드 전체를 경험할 수 있는 곳으로 채웠다. 브랜드가 추구하는 아름다움과 아트 요소를 곳곳에 녹여, 다양한 콘텐츠로 소통하는 데 의미를 둔다. 인테리어, 음악, 패키지, 무드 보드, 댄스 퍼포먼스 등 여러 분야의 아트로 아이템을 빗대어 표현하고 있다.

탬버린즈의 이미지가 탄생하는 과정엔 정해진 규칙이 없다. 아주 작고 사소한 것에서 제품 패키지가 결정되기도 하고 단순한 영감을 주는 소재가 메인 테마가 될 수도 있다. 하지만 그 끝에 일련의 목표는 '갖고 싶다'는 감정을 불러일으키는 것. 우리는 하나의 제품을 둘러싼 시각, 청각, 감각의 모든 아트워크를 떠올리며 일상을 채워간다. 손에 잡히지 않는 감각으로만 남는 아름다움을 느끼는 순간은 가치 있는 소비로 남을 것이다.

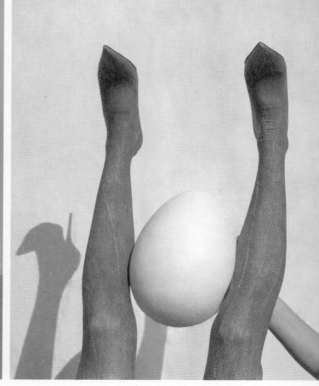

한 가지의 아름다움이
아니라는 것

"자신이 추구하는 취향, 아름다움을 조금 더 쉽게, 동시에 감도 높게 표현할 수 있도록 하는 데 집중합니다."

수많은 코스메틱 브랜드 사이에서 탬버린즈는 그들만의 고유한 새로움을 지켜가고 있다. 이토록 강렬한 시작은 어딜까. 생각해 보면 간단하다. 한 가지 가치에 몰아 시선을 가두지 않고 모든 방향을 열어 두는 것, '뷰티', '아름다움'이라는 개념이 곧 여성만의 전유물이 아니라고 여기는 마음까지. 탬버린즈는 그들이 생각하는 아름다움의 가치를 다양한 시선으로 풀어가려 한다. 그리고 같은 아름다움을 추구하는 이들과 함께 나누고 있다. 좀더 과감하게, 두려움에 하지 않았던 많은 시도는 결국 나 자신을 용기 있게 표현하는 일이 될 것이라 말한다. 보편을 넘어 새로운 아름다움을 발견해 또 다른 미의 관점을 제시하는 일. 이토록 도전적인 탬버린즈의 움직임은 우리 일상 곳곳에 퍼져 잊히지 않는 영감의 잔상을 남긴다. 그렇게 더 많은 아름다움 속에서 우리의 하루는 다채로워진다.

잊히지 않는 향,
자연이 주는 아름다움

누드에이치앤드크림 000

"광활한 대지에서 느껴지는 고양된 공기와 그 안의 정지된 빛, 탬버린즈의 시그니처 향 000은 자연의 순환을 의미하는 흙과 뿌리의 깊고 차분한 움직임을 떠올리게 합니다. 바르는 순간 코끝을 스치는 베르가모트의 시원함, 수분을 머금은 흙을 연상시키는 파촐리 Patchouli와 무겁게 내려앉은 샌달우드는 갓 꺾은 야생화를 품에 가득 안았을 때 느껴지는 대지의 활기를 떠올리게 합니다. 살결에 남은 자연스러운 잔향은 나만의 특별한 000으로 기억됩니다."

무드퍼퓸 912

"촉촉한 이슬을 머금은 차분한 흙냄새와 스피어민트의 달콤한 풀 향기가 더해져서 불안한 마음을 다스리고 머리를 맑게 하며, 묵직한 앰버 계통의 베이스로 안정적이고 따뜻한 여운이 남습니다. 안개 낀 사이프레스 숲 사이를 걷는 듯한 평안한 순간을 찾아보세요."

퍼퓸드 바디 에멀전 532

"투명하고 맑은 느낌의 아르테미시아와 실키한 머스크 향이 어우러져 내추럴한 부드러움을 주는 섬세한 향의 바디로션입니다. 자연스럽게 살결에 내려앉은 기분 좋은 촉촉함은 잠들기 직전의 포근한 안락함을 선사합니다."

Time For My House

Another Me In My House

또 다른 내가 있는 곳

오늘의집 @todayhouse 자신의 공간과 삶을 기록할 수 있고, 제품 구매와 리모델링 서비스까지 모두 이용 가능한 '원스톱 인테리어 플랫폼'. 누구나 쉽고 재미있게 자신의 공간을 만들어 갈 수 있도록 도와주며, 집을 꾸미는 방식을 새롭게 정의합니다.

집은 자아가 담긴 공간이다. 바깥에선 드러내지 않는 나의 모습, 나만의 추억이 있는 물건, 소중한 사람을 초대해 내 공간을 소개하는 따뜻한 시간까지. 살아가면서 생긴 나의 취향은 집 안에 켜켜이 쌓여 온전한 스스로를 지켜준다. 그렇게 또 다른 나의 오늘을 만드는 일. 그리하여 집과 함께 나는 '우리'가 되어간다.

에디터 김지수 사진 정혜윤, 구옥금, 김명진

어제의 집

넓은 창과 하나의 공간

"안녕하세요. 마케터이자 작가, 여행가로 저 자신을 정의하고 있는 정혜윤입니다. 주 5일 출근을 벗어나겠다는 결심과 함께 8월에 회사에서 독립했어요. 프리랜서 마케터로 일하며 글도 쓰고, 이것저것 하고 싶은 게 많은 다능인을 위한 커뮤니티이자 뉴스레터 사이드 프로젝트 sideproject.co.kr를 운영하고 있어요. 최근엔 식물을 키우기 시작했고, 집 앞이 바로 한강으로 이어져 달리기도 시작했죠."

사는 곳에 나를 닮은 이름을 지어주는 일. 혜윤은 자신의 공간에 '융지트'라는 이름을 붙이고 그곳에 오롯한 자신을 담아가고 있다. 융지트는 우리나라에서 흔히 볼 수 있는 아파트나 오피스텔 구조가 아닌, 넓은 원룸 형태로 층고가 높고 창문이 벽 한 면을 가득 메우는 독특한 구조를 가진 집이다. 이곳에서 혜윤은 글을 쓰고 음악을 들으며 친구들을 초대해 칵테일을 만들어 내어 주기도 한다. 살아 있는 식물들 사이에서 오래된 피아노를 치며 하루를 마무리하는 다채로운 일상도 만들어가고 있다. 공간에 구분이 없어 그녀가 아끼는 모든 것들이 한눈에 들어와 융지트는 마치 혜윤 그 자체로 보인다. 어쩌면 또 다른 그녀를 어딘가에 꽁꽁 숨기고 있을지도 모르겠다.

"파티션 없이 가구로 공간을 구분해 주었어요. 원룸이지만 나름대로 공간의 역할이 다 있고, 가구 배치도 제 동선에 최적화되어 있어요. 가구 하나, 소품 하나도 제 마음에 쏙 드는 좋아하는 걸로만 들이겠다는 생각으로 융지트를 채우는 모든 과정을 진정으로 즐긴 것 같아요. 융지트는 제 속도에 맞춰 조금 느리게 채워진 공간이에요."

오늘의 집

음악, 여행, 우주, 오래된 것

"음악, 여행, 우주, 오래된 것을 좋아하는 제 취향은 변하지 않을 것 같아요. 네 가지 모두 어릴 때부터 제 호기심을 충족시켜 주고, 저에게 영감을 주며 오랜 친구처럼 일상을 함께해 온 취향이에요. 돌이켜보니 음악은 항상 제 가까이 있었고, 어릴 때 천문학자를 꿈꿀 정도로 우주를 좋아했어요. 내가 누구인지, 앞으로 어떻게 살고 싶은지 고민을 많이 하는 편인데요. 우주 관련 작품이나 책에서 좋은 생각을 떠올릴 때가 많아요. 지금까지 28개국을 여행하기도 했고요. 종종 이 네 가지 단어로 저를 소개하곤 해요."

이토록 삶에 아끼는 것이 많은 사람에게 사는 공간은 어떤 역할을 할까. 그녀가 집을 채우는 시간은 곧 자신을 찾아가는 과정과 같았다. 융지트를 만나기 전까지 무기력한 일상을 보내던 혜윤은 집 안을 조금씩 자신의 물건으로 채워가면서 곁에 있는 소중한 것들을 다시 돌아보았다. 자신을 걱정해 주는 가족과 친구들, 창밖에 일렁이는 나무, 파란 하늘, 혼자만의 시간을 즐길 수 있는 나의 공간까지. 융지트를 구석구석 좋아하는 것들로 가득 채우는 과정은 그녀 안에 무너지고 구멍 난 부분을 다시 메꾸는 작업이었다. 홀로 자기 자신을 좀더 단단하게 만드는 시간이기도 했다. 혜윤에게 하루 동안의 루틴을 물었는데, 돌아온 답은 아주 기분 좋은 영화의 한 장면같았다.

"융지트에 온 이후로 소소하지만 아주 많은 루틴이 생겼어요. 쉽게 행복해지는 순간을 저에게 자주 선물하기 시작했죠. 매일 밤 컵에 물을 채워서 침대 옆에 두고 자요. 아침에 일어나자마자 그 물을 마시고, "오케이 구글 좋은 아침"이라고 얘기해요(웃음). 그러면 구글홈이 오늘의 날씨와 제 일정을 얘기해 주고, 제가 설정해 둔 음악(〈마녀 배달부 키키〉(1989) OST '바다가 보이는 마을')을 틀어줘요. 매일 좋아하는 노래를 들으며 하루를 시작하는 거죠. 음악이 나오면 이불 정리를 하고요, 그 위에 엎드려서 노트에 생각나는 대로 글을 써요. 그리고 짧은 요가를 마친 후엔 아침을 챙겨 먹고 모든 루틴을 완료한 저 자신을 칭찬해 줘요. 이 모든 루틴이 저를 움직이게 하는 원동력이자 에너지가 되어주고 있어요."

내일의 집
나를 공간으로 말할 때

"융지트에 관해서 가장 듣기 좋았던 말은 '너를 공간으로 옮기면 이 모습일 거야.'라는 말이었어요. 제 관심사나 일에 따라 변하겠지만 융지트는 저를 닮은 모습으로 늘 같은 풍경을 유지할거예요. 융지트에 와서 몸도 마음도 더 잘 관리하고 있어요. 앞으로도 이곳에서 제가 생각하는 재미와 멋을 잃지 않는 사람이 되어 가고 싶어요. 제 모든 주변에 작게라도 좋은 영향을 주는 사람으로, '더 나은 사람'으로, 스스로 계속 질문을 던지며 꾸준히 성장하고 싶어요. 그리고 그 배경은 언제나 융지트가 되겠죠."

융지트에는 늘 음악이 흐른다. 아침에 일어나서 듣는 음악, 식물에게 물을 주며 듣는 음악, 설거지나 운동을 하고 샤워를 하면서 듣는 음악, 그저 가만히 멈춰서 듣는 음악까지. 모두 다른 음악으로 공간은 변화한다. 혜윤은 음악을 듣는 순간이 곧 내면을 들여다보는 시간, 때로는 여행하는 기분을 느끼며 마음을 보살피는 일이라 말한다. 이 모든 순간이 모여 그녀의 또 다른 모습을 발견하는 오늘을 만들 것이다. 내일의 융지트는 더욱더 확장된 혜윤을 대신 말하고 있지 않을까. 더 나은 사람이 되고 싶어 하는 그녀에게 온전한 하루를 선물하는 공간으로, 융지트는 매일 아침을 맞이한다.

사계절을 품은 집

열한 살 반려묘 구미오와 살고 있는 옥금. 마당과 나무로 둘러싸인 집에서 사계절을 가까이 마주하며 건강한 삶을 바란다. 거실 한쪽 유리벽을 통해 보이는 풍경이 무척 아름답다. 여름이면 흩날리는 꽃잎, 가을엔 차분한 색감의 단풍, 겨울이면 고요하게 쌓인 눈의 장면이 마음을 평안하게 만든다. 옥금의 집에선 매주 금요일마다 요가 모임이 있는데, 친구들과 함께 명상과 간단한 요가 동작을 한 후에 건강한 음식을 만들어 먹는 것이 이 모임의 루틴이다. 서로 이야기를 나누고 작은 위로를 주고받는, 그야말로 '건강한' 시간이 옥금의 집 안에서 이루어지고 있다. "얼른 코로나19가 끝나 친구들과 모여 요가도 하고 건강한 음식도 나누고 싶어요. 좋은 에너지는 나눌수록 커지고 밝은 소식을 가져온다고 하죠. 집에서 친구들과 함께하는 소중한 모임은 모두를 아름답게 만들 거예요."

두 사람의 한 공간

김명진 | 서울 | 아파트

"결혼 생활은 혼자가 아닌 두 사람이 한 공간을 공유하는 일이에요. 나의 생활 방식을 상대방에게 강요할 수 없고, 상대방의 생활 방식을 무조건 맞출 수 없죠." 오롯한 둘만의 시간, 동시에 혼자의 시간을 함께 지켜가는 부부가 있다. 한쪽엔 아내가 좋아하는 레고 장식장이, 다른 한쪽에는 남편이 원하던 독서 공간이 자리한다. 서로의 취미를 존중하며 함께 채워간 과정이 엿보이는 조화로운 집이다. 각자의 개성이 돋보이는 가운데, 함께하는 공간은 '다이닝 룸 겸 홈바'. 소중한 사람들을 초대해 경계를 허물고 서로를 알아갈 수 있는, 따뜻한 시간 역시 만들고 있다. 친구들이 떠나고 나면 둘이 함께 좋아하는 <동물의 왕국>을 보며 하루를 마무리하는 어느 날, 두 사람의 오롯한 시간은 다시 한번 시작된다. 부부의 평화로운 시간은 그렇게 완성된다.

예쁜 옷을 입고 싶은 날

세상에 없는 마을

좋아하는 옷을 입는다는 건
설렘을 입는다는 거야.

글 이주연   일러스트 휘리

가을이 오면
달콤한 바바리

"아빠, 나 오늘은 노란 옷 입을래."
"바바리? 아직 안 돼. 그건 가을에 입는 거야."
"가을이 언젠데?"
"네 생일."

나는 그날 아빠에게 세 가지를 배웠다. 내가 좋아하는 노란 옷을 바바리라고 부른다는 것, 내 생일은 가을이라는 것, 바바리는 가을에 입는다는 것. 그때부터 나는 생일을 손꼽아 기다렸다. 생일엔 맛있는 것도 먹고, 선물도 받고, 친구도 친척도 잔뜩 만난다. 게다가 바바리도 입을 수 있다. 좋아하는 옷을 입으면 기분이 좋아진다는 걸 일찌감치 알았던 나는 매해 가을을 기다렸고 가을이 오면 생일을 손꼽았다. 내가 유독 좋아한 바바리는 안감은 분홍, 겉감은 노랑인 옷으로, 소매가 길어서 크게 접어야만 손이 보이는 옷이었다. 분홍색 안감이 겉으로 보일 수 있도록 일부러 그렇게 만들어진 것 같았다. 바바리엔 연두색, 분홍색, 빨간색, 보라색의 큼직한 동그라미가 묽은 색으로 그려져 있었다. 그건 빵집이나 유원지 같은 데서 볼 수 있는 알맹이가 큰 막대 사탕이었는데, 그래서인지 바바리를 입을 때마다 기분이 달콤해졌다. 지금도 앨범을 들춰볼 때면 바바리를 입은 사진에 시선이 오래 머문다. "이 옷 다시 입고 싶어." 되뇌면서 내가 그 옷을 얼마나 좋아했는지, 가을을 얼마나 기다렸는지 생각해 내고야 만다.

지금 내 나이 때 엄마는 속상한 일이 생길 때마다 지갑을 들고 밖으로 나갔다. 비딱해진 마음을 다스리고자 평소엔 살 법하지 않은 비싼 옷을 샀다. 엄마가 산 건 언제나 아이 옷이었다. 내가 앨범을 들춰보면서 "이 옷 예뻐." 하는 옷의 8할은 그런 식으로 나에게 온 옷들이었다. 엄마는 쑥쑥 자라는 내게 늘 두어 치수 더 큰 옷을 사 입혔지만, 그런 날엔 딱 맞는 옷이어도 개의치 않고 골랐다. 조금 비싸다 싶어도 이 옷, 저 옷 비교해 가며 가장 멋진 걸로 골라 딸에게 입혔다. 그렇게 입게 된 옷들을 나는 유독 좋아했다.

지금 나는 그 시절 엄마와 비슷한 나이가 되었지만 여전히 엄마가 사 오는 옷들을 입는다. 우리는 옷 하나를 같이 입기도 하고 약속이라도 한 듯 같은 옷을 사 오는 일도 있다. 둘 다 가격이나 브랜드보다는 한눈에 들어오는 독특한 옷들을 좋아해서 빈티지 숍에 자주 간다. 남들과 같은 옷을 입느니 세상에 하나뿐인 디자인을 입자고 약속한다. 이왕이면 같이 입을 수 있는 옷을 고르고, 옷을 사기 전에 서로에게 꼭 한 번씩 묻는다. "이 옷 어때?" 그렇게 지금 내 옷장은 놀이동산처럼 재미있는 곳이 됐다. 체형을 따라 툭 떨어지는 옷보다는 퍼프소매거나 어깨 패드가 단단하게 있는 옷들, 목 부분이 훅 파진 옷보다는 단추로 꼭 잠글 수 있는 단정하고 각이 잡힌 옷들로 가득하다. 검정이나 감색처럼 조용한 옷보다는 꽃무늬나 물방울무늬처럼 소란스럽고, 한 번 보면 잊히지 않을 색깔로 흠뻑 물들어 있는 옷들. 그런 옷들이 빼곡한 옷장에서 좋아하는 옷을 꺼내 입을 때마다 어린 시절 바바리를 입던 날처럼 기분이 좋아진다. 좋아하는 옷을 입고는 신발장에서 "이 신발이 어울려, 저 신발이 어울려?" 하고 양발을 번갈아 내미는 순간은 어찌나 신이 나는지.

수묵화 틈새로
수채화 원피스

"부탁이 하나 있어요."
"응, 뭔데요?"
"늘 입던 대로 입고 와줘요. 정장 같은 거 말고."

아직 겨울 냄새가 남아 있는 계절이었다. 좋아하는 사람의 부름으로 우린 한자리에 모였다. 맛있는 음식을 배가 터지도록 먹었고 노곤해진 몸을 널브러뜨린 채 쉼을 즐겼다. 쉬는 게 좀 지루해질 무렵, 그녀는 우리 이름을 차례로 부르며 새하얀 봉투를 내밀었다. 그녀는 곧 신부가 될 예정이었다. 청첩장을 받는 일도, 하객이 되는 일도 좀처럼 없던 시절이라 나는 조금 설렜고 기분이 좋았다. 식에 앞서 주인공이 식사를 대접하고 청첩장을 건네는 게 통과의례라는 것도 전혀 모르던 시절이었다. 나는 청첩장을 받으며 몇 번이나 "우와!" 하고 감탄했다. 청첩장에 새겨진 글자들을 한 자 한 자 읽어가며 모든 글자가 멋스럽다고 생각했다. '신랑'과 '신부'라는 단어도, '남산'이란 명칭도 난생처음 보는 것처럼 생경하고 근사해 보였다. 그녀는 남산에서 야외 결혼식을 한다고 했다. 결혼식에 몇 번 가본 적도 없지만 야외 결혼식이라는 건 분명 다른 결혼식보다 근사할 것 같았다. 모임이 파한 그날 밤에도 진한 여운이 남아, 나는 침대 속에서 혼자 손뼉을 치며 기뻐했다.

그녀에겐 '둥그렇다'는 말이 잘 어울린다. 품이 넓고, 마음 씀씀이가 너그럽고, 천천한 사람. 둥근 선을 그리며 웃는 게 매력적인 사람. 모든 행동이 둥그렇게 보이는 그녀였지만 '부탁이 있다'는 말을 꺼낼 때만큼은 둥근 곡선이 곧아지는 게 보였다. 그만큼 다부지고 씩씩한 부탁이었다. 그녀의 부탁은 별거 없었다. 그저 '입던 대로만 입고 와달라'는 것뿐. 지금도 결혼식장에 간 경험은 얼마 없지만 그땐 더했기 때문에 '그게 무슨 부탁씩이나…' 싶은 마음이 들었다.

드디어 결혼식 날. 아침부터 마음이 달떠 옷장 앞에서 콧노래를 불렀다. 늦지 않으려고 일찌감치 일어나 좋아하는 원피스를 꺼내 입었다. 아주 오래전 일본에서 누군가 입었을 빈티지 원피스였고, 허리에 잠기는 금장 벨트가 멋진 옷이었다. 허리와 어깨는 개나리색이고 밑단으로 내려갈수록 옅어지는 노랑이 한 폭의 수채화 같은 원피스였다. 옷 전체에 작은 꽃이 수놓아진 게 마음에 꼭 드는 원피스. 정성스럽게 지퍼를 올리고 벨트를 잠근 뒤 초록색 가방과 꽃이 촘촘히 달린 머리띠까지 하고는 남산으로 향했다. 야외 결혼식장은 생각만큼 멋졌고 분위기도 근사했다. 하지만… 그곳에 나 같은 사람은 없었다. 함께 부탁을 받은 친구들도 무채색 재킷에 H라인 스커트, 하얀 블라우스 차림이었다. '무슨 옷을 입을까' 고민한 사람은 오직 나뿐인 것 같았다. 나는 그저 그녀의 부탁을 마음 다해 들어주었을 뿐인데.

그날의 둥그런 그녀는 내가 본 그녀 중 가장 아름다웠다. 하얀 드레스를 입은 그녀도 그랬지만, 식을 마치고 한복을 입은 그녀는 더욱 그랬다. 한 손으로 치마를 살짝 걷고는 버선발로 총총 뛰어오던 그녀. 활짝 웃으며 우리를 차례로 포옹하곤 이렇게 말하던 그녀. "내 부탁을 들어준 사람은 주연이밖에 없잖아?"

겹겹의 시간과
푸짐한 니트

"그 옷 좀 갖다 버려라."

'그 언니'는 항상 이런 식이었다. 내 머리, 옷, 신발, 심지어 눈썹 모양까지 무엇 하나 마음에 들어 하는 게 없었다. 나는 그 언니가 그렇게 말할 때마다 풀이 죽었다. 마음 한쪽에 '내가 좋아하는 옷인데….' 같은 말을 쌓아두곤 했다. 그날 내가 입은 옷은 '루즈핏'이라기엔 지나치게 헐렁한, XXL 사이즈의 커다란 스웨터였다. 몸집이 큰 사람에겐 상의였겠지만 나에겐 종아리까지 내려와 큼직한 원피스가 되는 옷. 나는 그 스웨터를 좋아했다. 아주 무거운 만큼 아주 따뜻했고, 큼직했기 때문에 안쪽에 잔뜩 껴입어도 둔해 보이지 않았다. 작은 몸에 큰 옷이 아이러니하게 잘 어울린다고 생각해서 아껴 입던 옷이었다.

그 언니는 항상 고가의 옷만 입었다. 티셔츠 한 장에도 '0'이 몇 개씩이나 붙은 그런 옷이었다. 백화점 VVIP만 출입할 수 있는 라운지를 그 언니는 동네 빵집 가듯 드나들었고 일주일에 한 번쯤은 명품 매장에 가서 신상품을 예약하곤 했다. 그 언니로 인해 나는 있는지도 몰랐던 세상을 알게 되었다. 하지만 그런 세상이 부럽지는 않았다. 나에게 옷이란 '내가 좋아하는 것'이어야 했기에 가격이나 브랜드 같은 건 그다지 중요하지 않았다. 한 철만 입고 버려야 할 정도로 잘못 만들어진 옷이어도 나에게 좋으면 그걸로 만족했다. 하지만 그 언닌 달랐다. 내 물건에 언제나 관심이 많았다. 내가 입고 온 옷이나 신발, 가방의 상표를 알고 싶어 했다. 그리고 언제나 내 옷들은 그 언니를 실망시켰다. 나는 그 언니가 내 옷을 바라볼 때마다 부담스러웠다. 비싼 옷을 입지 않아서가 아니라, 내가 아름답다고 생각한 옷들을 엄지와 검지로 간신히 들어서 "이게 뭐냐."며 멀찍이 내려놓았기 때문이다. 그 언니가 내 커다란 스웨터를 "갖다 버리"라고 한 뒤로 나는 그 옷을 입지 못했다. 그 언니를 만나지 않게 된 이후에도 쉽게 입을 수가 없었다. 그 스웨터는 세상에 있어 본 적 없는 옷처럼, 옷장에 처박혀 시간을 먹어갈 뿐이었다.

내 옷장은 여전히 놀이동산 같다. 백설공주 드레스처럼 어깨가 봉긋한 원피스로 가득하고 슈퍼마리오 옷처럼 큼직한 멜빵바지도 신나게 걸려 있다. 일이 많거나 스트레스받을 게 분명한 날이면 나는 옷을 고르는 데 특히 시간을 들인다. 좋아하는 옷을 입을 때의 설렘이 힘듦을 상쇄해 줄 거란 믿음에서다. 나는 좋아하는 옷을 꺼내 입는 순간에 대해서라면, 그 완벽에 가까운 기쁨이라면 밤을 새워 이야기할 수도 있다. 좋아하는 옷이 주는 설렘을 진하게 깨달은 어떤 날, 나는 커다란 스웨터를 이제 그만 꺼내주기로 했다. 여전히 나에겐 지나치게 크고 안에 스웨터를 두 개는 더 껴입을 수 있을 정도로 푸짐한 옷이지만 나는 이 옷이 좋다. 선택받지 못한 물건은 밉살스럽게 닮는다. 제아무리 아끼는 옷일지라도 옷장에 틀어박혀 있으면 퀴퀴한 냄새로 잠식된 짐짝일 뿐이다. 나는 오늘도 좋아하는 옷을 입는다. 좋아하는 옷들은 나에게 선택받을 권리가 있고, 나는 언제든 좋아하는 옷을 입을 준비가 되어 있다.

So Physical

나는 물질이다

외모에만 신경 쓰든 내면에만 신경 쓰든 똑같이 반쪼가리다.

글·사진 이기준(디자이너)

목덜미에서 어깨로 이어지는 부위가 저리고 아팠다 일어날 때 허리가 아파 재활치료 전문 체육관에 다니기 시작했다. 첫 이틀간 트레이너는 내가 몸을 움직이는 패턴을 동영상으로 찍었다. 서는 자세부터 문제였다. 허리는 너무 휘고 어깨는 앞으로 말렸고 턱은 쳐들렸다. 심지어 온몸의 힘을 빼고 누워도 허리는 활처럼 휘었다. 수십 년 동안 하루 24시간 내내 긴장 상태였으니 허리가 노란 카드를 꺼낼 만했다. 또 다른 문제는 발 근육을 제대로 쓰지 못하는 점이었다. 엄지발가락만 올려 보라는데 되지 않았다. 다섯 발가락이 할인 상품처럼 한 묶음으로 움직였다. 걷는 자세, 앉는 자세, 눕는 자세, 팔을 올리는 자세, 무릎을 움직이는 자세, 다 문제였다. 마흔이 훌쩍 넘은 나이에 걸음마부터 새로 익히고 있다.

거의 매일 밤늦게까지 일해야 했던 직장에서 무지막지하게 '생산적'인 시간을 여러 해 보냈더니 '낭비'야말로 지고의 호사라는 생각을 품게 되었다. 이른바 쓸데없는 일, 굳이 타인을 설득할 필요 없이 그저 내가 좋아서 나만을 위해 쓰는 시간과 돈은 기꺼웠다. 자기가 중요하다고 여기는 일에 실제로 돈을 쓰는지 여부가 바로미터다. 액수가 크든 작든 돈이 아깝다면 사실은 자신에게 그렇게까지 중요하지 않거나 아직 돈을 쓸 만큼 좋아하지 않을 확률이 높다. 소주랑 삼겹살은 자주 먹으면서 책은 비싸서 못 보겠다는 사람은 책이 비싸서 못 보는 게 아니라 소주랑 삼겹살이 더 좋을 뿐이다. 사람은 옷으로 평가하는 게 아니라며 세 장에 만 원짜리 티만 입는 사람, 어째서 백팩 하나가 100만 원이어야 하는지 궁금해 기꺼이 지불하는 사람, 미래의 불확실성에 현재를 통째로 저당 잡히는 사람, 모두 자신이 가진 것을 자신이 납득하는 방향으로 운용하는 것 아닐까?

생산에 함몰되던 직장에서 벗어나 가장 먼저 마련한 것은 오디오였다. 일주일에 한두 번꼴로 잡히는 미팅 후 음반 매장을 어슬렁거리며 구경하고 청음하고 구매하는 과정을 만족스럽게 마무리해 주는 것이 오디오였다. 음악이라는 비물질적 가치는 오디오 가격과 맞물려 작동했다.

몸의 회복력은 예상보다 빨랐다. 두 주 만에 발가락은 묶음 할인 처지에서 벗어나 어엿이 독립했고 두어 달이 지나자 몸이 왠지 달라 보인다는 지인의 보고가 잇따랐다. 사실 운동을 시작하기 전에 꽤 망설였다. 10여 년 전 헬스클럽에 다닐 때 일주일에 두 번도 하기 싫어 꼭 한 번 걸러 한 번씩 취소한 경력이 있었기 때문이다. 같은 실수를 또 하고 싶지 않았다. 어떻게 해야 운동을 하고 싶어질까? 자신을 알면 백전백승, 새 운동복과 운동화를 샀다. 그걸 입고 싶어서라도 기꺼이 하리라는 속셈이었다.

"운동만 하면 됐지, 왜 쓸데없이 그런 데다 돈을 쓰냐?"

"새 옷 덕분에 건강해질 텐데 어째서 쓸데없어?"

알맞은 도구를 알맞은 때에 알맞은 곳에 사용할 줄 모르면 저만 손해. 운동용품은 최신 기술이 집약된 분야다. 가볍고 걸림이 없는 소재는 몸을 움직이는 데 최적이고 악취가 배지 않고 금방 마른다. 반바지 속에 덧붙은 레깅스에는 핸드폰이 흔들리지 않게 잡아주는 주머니가 있고, 운동 전후의 컨디션 조절을 위한 얇은 바람막이를 돌돌 말아 넣은 손바닥만 한 가방을 똑딱이 단추로 허리춤에 고정할 수 있다. 집에 있는 면티와 면바지를 입어도 운동하는 데 큰 지장은 없었으리라. 하지만 운동하는 상황을 두루 살펴 제 몫의 일을 제대로 해낸 인간 덕분에 더 쾌적하게 건강해질 수 있다는 사실에 인류애도 조금 상승했다. 운동복 몇 벌 값에 인류애를 얻었으면 괜찮은 투자다.

인생이 긴 줄 알았는데 생각보다 짧은 모양이다. 노화 단계를 착실히 밟아 나가는 몸을 실감 나게
한 건 노안이다. 핸드폰을 보려면 안경을 벗어야 했다. 전담 안경사의 조언으로 컴퓨터 작업과 독
서 거리를 아우르는 단거리 안경을 맞췄다. 그에 맞춰 세세한 것들을 조율했다. 자신을 알면 백전
백승, 단거리 안경을 기쁜 마음으로 지니고 다니려면 멋진 안경집을 구해야 했다. 안경을 사면 딸려
오는 안경집은 대부분 휴대하기에 적합하지 않다. 안경테의 형태, 크기, 비례는 저마다 다른데 보통
한 브랜드의 안경집은 한 가지 모양뿐이라 모든 테에 맞지는 않다. 크고 무거운 테를 사지 않는 내
겐 거추장스러운 편이다. 가끔 가죽으로 만든 멋진 안경집을 주는 경우도 있지만 그런 안경집에 넣
었다간 책이나 노트북 따위에 눌려 안경이 파손될 위험이 있다. 안경테에 맞는 안경집. 당연해 보이
는 이 작은 사안 하나도 이뤄지지 않을 만큼, 세상엔 수많은 이유와 가치가 서로 충돌한다.
기껏 교정 중인 몸이 다시 망가지게 둘 수 없어 적절한 작업 자세를 검색하니 모니터 상단은 눈높이
에 맞추고 팔꿈치는 직각을 이루게 하란다. 내 작업 도구인 13인치 노트북으로는 절대 나오지 않는
자세. 새로 들일 물건은 노트북 거치대, 별도의 자판과 트랙패드. 자판과 트랙패드는 어차피 한
가지뿐이라 주문하면 그만인데 거치대는 좀 까다로웠다. 가벼우면서 각도가 높게 조절되어야 했다.
1순위 후보는 한국에서 파는 데가 없어 해외 직구를 해야 했다. 코로나19의 영향으로 두 달이 넘게
걸려 받았다. 심지어 잘못된 선택이었다. 너무 무거웠고 높이는 내 앉은키와 어긋났고 받침 부분이
너무 넓어 자판과 트랙패드를 놓을 공간을 확보하기가 어려웠다. 2순위 후보가 다행히 적당했다.
새로 구축한 작업 환경에서 이 문장을 쓰고 있다. 물건이 곧 나다.

Deer And Eternity

이를테면 사슴과 영원에 대하여,
누구에게나 있을 가장 순수한 우정과 사랑의 시간을 말하고 싶었다.

글 김나영, 송종원

사람들 사이에 사슴이 있다

요즘 들어 어떤 단어들이 잘 떠오르지 않아 대화를 할 때 난감한 상황에 마주한 적이 종종 있다. 나이가 들었으니 당연한 거겠지 하고 여겼는데, 얼마 전 한 선생님과 대화를 나누다 그러한 현상 또한 코로나19 사태와 조금은 관련이 있을지도 모르겠다는 생각이 들었다. 사람들과의 대면이 줄어들면서 자연스레 대화도 줄게 되고 그러다 보니 대화에 활용하는 어휘 또한 사용이 적어지면서 결과적으로 단어를 조금씩 잊게 되는 것 같다는 진단이었는데 꽤 그럴듯했다. 코로나19가 장기화되면서 예측하지 못한 문제들도 조금씩 더 늘어날 것이다. 대면이 비대면이 된 것이 아니라 외면의 형식으로 변하는 것은 아닌가도 생각해 볼 문제다. 걱정 중의 하나는 외면이 늘게 되면서 단어 정도가 아니라 어떤 감각 또한 소실되지 않을까 하는 것이다. 이를테면 도움 요청 같은 것. 도움을 구하는 말은 누군가 자신의 곁에 함께한다는 감각을 절실히 필요로 하니 외면의 감각 속에 도움이 발생할 가능성은 적다.

요즘 내가 생각하는 가장 아름다운 말 중 하나는 '도와주세요!'다. 누군가에게 자신이 도움이 필요한 상황임을 거리낌 없이 알릴 수 있고 또 누군가가 그에 응답해 자연스럽게 도움을 전하는 일은 아름답다. 우리는 이 아름다움을 때로 독립이나 자립이라는 가치와 비교하며 덜 주목했거나 잘못 이해했을지도 모른다. 따지고 보면 도움을 표하는 일은 의존하는 일과 다르다. 의존이 자신의 책임을 다른 누군가에게 회피하는 태도와 관련한다면 도움 요청은 자신의 책임을 다하는 과정 속에서 홀로 어쩔 수 없는 부분을 발견하고 협력의 장을 펼쳐내는 일에 가깝다. 생각보다 함께 하는 일은 홀로 하는 일보다 결코 쉽지 않다. 백지장도 맞들면 낫다는 속담이 있지만, 사실대로 말하자면 백지장은 혼자 드는 게 더 수월하다. 여럿이 의사를 나누고 일을 조율하는 번거로움을 피하고자 독단적으로 무언가를 처리한 경험이 누구에게나 있을 것이다. 그만큼 협력이 잘 이루어지려면 협력의 과정 속에 특별한 창조성이 발휘되어야 한다. 개별적인 '나'에서 상호주체적인 '우리'로 변모하는 일이 어디 말처럼 쉬운 일인가. 또한 누군가에게 도움을 요청하게 만드는 일은 그만큼 복잡한 문제를 품고 있을 가능성이 적지 않기 때문에 더 창조적인 과업이 요구될 수밖에 없으리라.

당신에게는 사슴 한 마리가 있다 당신은 그 사실을 알지 못하지만
사슴은 오래전 당신을 찾아왔고 당신 곁에서 죽을 것이다

— 안희연, 〈연루〉 중에서

'맨스플레인'이란 용어로 우리에게 잘 알려진 작가 리베카 솔닛Rebecca Solnit은 한 글에서 자신의 삶이 혼자 이뤄낸 것이라고 생각하는 것만큼이나 터무니없는 사고는 없다는 식의 말을 한 적이 있다. 우리의 삶은 생각보다 더 많이 누군가의 도움과 협동에 기대고 있다. 당신의 주위를 둘러보라, 당신이 사용하는 대부분의 물품과 시설은 당신 스스로 만든 게 아닐 것이다. 가령 당신이 별다른 수고 없이 마시는 물 한 잔도 따지고 보면 수많은 사람의 손길과 공동체의 노력이 작용한 결과다. 저 인용한 시의 구절처럼 인간은 누구나 사슴 한 마리를 지니고 있다고 한다면, 나는 그 사슴이 나와 나 아닌 누군가의 사이에서 태어나는 '아름다움'이라고 생각하고 싶다. 어떤 시인은 사람들 사이에 '섬'이 있다고 말했다. 나는 그 시를 읽을 때마다 섬의 이미지에서 강조되는 낭만적 고립감이 조금은 안타까웠다. 분명 사람들에게 자신만의 고요한 방이 필요하나 그 방의 경계 너머에서 당신의 고요를 지원하는 다른 이들에 함께한다는 감각이 소외되어서는 안 될 것이다. 그래서 나는 앞으로 사람들 사이에 '섬'이 아니라 '사슴'이 있다고 말하고 싶다. 우리의 삶은 그렇게 사슴에 연루되어 있다. 그러니 당신의 기쁨과 당신의 슬픔 역시 당신만의 것이 아니다. 저기 당신을 바라보던 신비한 눈빛의 사슴 한 마리가 갑자기 길을 달려 어딘가로 사라지고 있다.

순간과 영원 1

<미녀와 야수>는 영화, 드라마, 뮤지컬 등 다양한 매체를 통해 당대의 미와 추에 대해서 이야기하는 고전이다. 근작일수록 그 안에 깃들어 있는 아름다움과 추함의 기준이 세련되게 각색되는 추세이긴 하지만, 여전히 많은 사람이 이 이야기를 통해서 'Beauty'와 'Beast'를 대비하며 이들이 미적 기준의 양극단에 있다고 해석한다.

내가 처음 이 이야기를 접한 것은 열 살 전후였던 때로 기억한다. 학급문고였는지, 책이 정말로 많았던 친구네 책장에서였는지, 온갖 전집이 빼곡하던 사촌네에서였는지. 세계명작전집의 형태로, 아주 소략한 이야기로 처음 만난 <미녀와 야수>는 조금 슬펐다. 아마 그때의 나는 예쁘고 똑똑한, 심지어 모두가 피하는 흉측한 외모의 야수까지도 안아줄 수 있는 고결한 마음씨까지 갖춘 벨보다는 사람들을 피해서 자신의 성 안에서만 지내는 야수에게 더 감정이입을 했던 것 같다. 이제 막 철이 들 때였던 걸까. 밋밋하게 생긴 외모에도, 뻣뻣하고 소극적인 성격에도 자신감이 없었던 나는 늘 어디로든 숨어들고 싶었던 아이였나 보다. 물론 대부분의 사람은 야수의 어둠보다 미녀의 밝음에 마음이 더 기울었을 것이다. 결국은 단 하나의 밝음이 어둠을 깨우친다는 이야기의 교훈에 걸맞게 말이다.

한 아이의 엄마가 된 지금 자주 하는 고민은 내가 어린 시절에 읽은 이야기들을 아이에게 다시 들려줄 때 본문을 그대로 전달해 줘야 하는지다. 〈미녀와 야수〉를 놓고도 그런 고민을 한다. 뷰티 앤 더 비스트Beaut And The Beast. 미녀가 야수를 사랑하자 야수의 탈을 쓰고 살아야 했던 저주가 풀려 아름다운 왕자가 등장한다는 결말은 어딘가 불편하지 않은가. 한없는 아름다움이 단 하나의 추함까지도 감싸 안아줄 때 비로소 드러나는 것은 추함이라는, 벗겨지고 사라져야 하는 저주의 대상이 아니라 아름다움은 원래 추한 것까지도 그 내면에 포함하고 있다는 진실이어야 하지 않을까. 나의 아이에게는 정말로 아름다운 사람은 외면만 보고 판단하지 않는다는 단순한 교훈이 아니라, 아름다움이라는 것에 대해서 오래 곱씹어볼 수 있는 이야기를 들려주고 싶다. 이를테면 순간과 영원 같은 것에 대해서. 너의 아름다움, 너의 인생을 깊고 값지게 만들어줄 아름다운 것들을 위해서.

순간과 영원 2

안나가 요한에 대해 알고 싶은 건 그것보다 훨씬 많았다. 남쪽 도시에 가본 적이 있는지 언제나 조금씩 변하고 있는 네 계절의 바다를 좋아하는지 김종삼이란 시인을 아는지 진지하거나 소심하거나 낯을 가리는 성격 때문에 고민해본 적이 있는지 봄과 여름이 되면 어떤 색깔의 옷을 입을 것인지 어릴 때 털모자에 목도리를 두르고 부츠를 신는 북유럽 아이들이 스케이트를 타고 얼어붙은 운하를 따라 먼 세상으로 나가는 동화를 읽은 적이 있는지 해질녘 골목에서 울리는 자전거 경적 소리와 엄마의 심부름으로 두부를 사러 가는 비 오는 저녁의 냄새를 좋아하는지 따뜻한 코코아와 틀에서 막 꺼낸 국화빵을 좋아하는지 안톤 슈낙의 「우리를 슬프게 하는 것들」을 창가에 서서 소리내어 읽어본 적이 있는지 화창한 봄날 목욕을 갔다 겨우내 입었던 내복을 벗어버리고 돌아오면서 키가 조금 컸다고 느낀 적이 있는지 늦가을 소풍에서 돌아온 날 혼자 집을 보다가 불현듯 아주 늙은 뒤의 자신의 모습을 상상하고 슬퍼진 적이 있는지, 그리고 요즈음의 꿈들, 누군가의 전화번호를 적으려는데 볼펜이 안 나오고 건너편에서 그 사람이 탄 버스가 떠나려고 하는데 인파에 떠밀려 다가갈 수가 없고 드디어 만나기로 약속한 장소로 나갈 준비를 하는데 수돗물이 끊겨 세수를 할 수가 없고 또 집에 도둑이 들었는데 이상하게도 웃음이 멈춰지지가 않아 겁에 잔뜩 질린 채로 미친 듯이 웃어대는 길고긴 꿈을 꾼 적이 있는지, 키가 작고 마른 여자애를 좋아한 적이 있는지 어제 입었던 블라우스와 오늘 입은 조끼 중 어떤 게 더 어울리는지 말해줄 수 있는지 루시아의 말대로 커트머리에 핀을 꽂으면 촌스러운지 크리스마스 선물로 장갑과 하모니카 중에 무엇을 받기를 원하는지, 그리고 크리스마스에는 뭘 할 건지. 하지만 그 어떤 것도 물어볼 수는 없었다. 요한은 루시아의 남자친구였다. 하느님이 잘못 포장한 게 틀림없다고 생각했지만 어쨌든 그랬다.

           — 은희경, 〈다른 모든 눈송이와 아주 비슷하게 생긴 단 하나의 눈송이〉 중에서

어느 부분을 생략하기가 어려울 정도로 아름다운 문장들, 혹은 마음이다. 이 요동치는 숨결을 제대로 느끼기 위해서는 물론 이 소설의 전문을 읽어보는 것을 추천한다. 안나는 요한을 좋아하고 요한은 안나의 오랜 친구인 "루시아의 남자친구"라는 사정만으로는 설명할 수 없는 것이 훨씬 많기 때문이다. 쉼표나 마침표가 끼어들 여지도 없이 숨 가쁘게 이어지는 안나의 궁금증은 "그 어떤 것도 물어볼 수 없"는 것이기에 슬프고 또 아름답다. 이 마음이 아름다운 이유는 왜일까. 첫사랑의 애틋함을 그저 아름다움으로 포장할 수 있을까. 안나는 루시아와 요한 모두를 아끼고, 그들을 아끼는 마음 가운데에서도 자신을 지키려는 고투를 포기하지 않는다. 그것을 자존심이라는 말로 뭉뚱그려 말할 수는 없다.

이 사랑하는 마음은 오히려 세상의 모든 것들을 공평하게 보려는 정직하고 강인한 태도를 생각하게 한다. 그것은 눈처럼 차가운 순수, 다른 모든 것들과 아주 비슷하게 생긴 단 하나의 결정과도 같다. 이런 인물은 자신을 존중하는 사람은 상대가 누구든 그 자체로 존중할 수 있다는 것을 일러준다. 아름다움에는 기준이 없다는 말을 여기서 되뇌어 보았다. 누구에게나 있을 가장 순수한 우정과 사랑의 시간, 그때의 자신을 지켰을 마음. 세상의 모든 것 위로 눈발이 내릴 때, 쌓이기도 전에 벌써 알아차리게 되는 공평함의 세계를 보는 눈틈이 있다. 저마다 다르기에 그 모두가 소중해지는, 어떤 기준이 생기기도 전에 모든 기준을 지워버리는.

The Compensation For Failure

실패에 대한 보상

내가 사는 도시는 수많은 실수와 그것들을
덮기 위한 더 많은 실수로 이루어져 있다.

글·그림 한승재(푸하하하 프렌즈)

평소 꼼꼼하지 못한 성격의 나에게 건축이라는 학문은 고문이나 마찬가지였다. 처음 도면을 그리면서 가장 헷갈렸던 부분은 모든 단위를 밀리미터로 표기해야 하는 것이었다. 30센티미터는 300밀리미터로, 3미터는 3,000밀리미터라고 굳이 복잡하게 적어야만 했다. 그 큰 건물을 설계하면서 밀리미터 단위를 사용할 줄이야…. 돈 계산을 할 때도, 날짜를 계산할 때도 어느 것 하나 칼같이 정확한 부분이 없던 나에게 건축의 단위는 슈퍼 계산대 앞에 서서 10원짜리 동전을 하나하나 세는 것처럼 답답하게만 느껴지는 일이었다. 용돈이 거의 바닥난 학생이 월말이 다가오면 100원 단위를 쪼개서 계산하는 것처럼 도면에서는 늘 밀리미터 단위를 아껴서 사용했다. 다년간의 스트레스를 통해 깨달은 가장 본질적인 건축의 가치는 '완벽함'이었다. 신의 세계를 모사하고 유토피아를 상상하는 등 건축은 몽상가적 기질을 타고난 직업이다. 그리고 꿈 같은 세계를 실제로 구현해 내려는 패기도 동시에 가지고 있다. 그 커다란 상상을 실제로 만들어버리는 일은 거듭하면 할수록 참 무모한 일이라는 생각이 든다.

함께 일하는 동료 건축가 한진이는 2015년 처음 뉴욕 땅을 밟았다. 이제 막 시작하는 건축가에게 뉴욕은 세상의 무대 같은 곳이었을 것이다. 한진이는 우선 뉴욕에서 맛있기로 유명하다는 샌드위치를 하나 사서 손에 쥐고 걷기 시작했다. 뉴욕의 건물은 대단했다. 단순히 높아서 대단한 것이 아니었다. 높고, 무겁고, 오래되었고, 심지어 공예적이기까지 하다. 손가락에 끼는 반지처럼 공들여 만든 공예품이 구름을 뚫고 올라갈 정도로 높이 쌓여 있는 모습을 상상해 보라! 한진이는 자신이 너무나 작은 존재로 느껴져 어지러웠다. 샌드위치 한 입 먹고 건물 올려다보고, 또다시 올려다보고, 그러다 현기증을 참을 수 없어 결국 도시 한복판에 먹은 걸 모두 토해버렸다고 한다. 1800년대에 지어졌다고 적힌 건물의 머릿돌을 본 직후였다.

"아…. 너도 한 번은 꼭 뉴욕에 가봤으면 좋겠다."

한진이는 뉴욕 이야기를 할 때면 마지막에 이런 조언을 덧붙이곤 하는데, 누가 들을까 겁이 나는 대목이다. 그가 애써 묘사한 얼뜨기 촌뜨기 분위기가 나에게 덧입혀지며 이야기는 끝을 맺는다.

같은 해에 나는 처음으로 유럽을 방문했다. 처음 유럽에 도착했을 때, 내가 목격한 것은 건축이라는 것을 알고 난 이후 수년간 상상해 오던 완벽한 도시의 모습이었다. 서울의 시청 광장과는 사뭇 다른, 활기찬 도시의 광장. 그리고 눈을 맞추며 웃는 사람들. 펌프로 끌어 올린 물이 아닌 저 높은 산에서부터 내려오는 자연수, 적당히 걸으면 나오는 그늘과 그곳에 놓인 대리석 벤치, 심지어 세월의 손이 타 기름을 발라 놓은 듯 윤기가 좌르르 흐르기까지 하는….

'내가 상상하는 도시엔 이곳을 초과하는 가치가 하나라도 있을까?' 나는 이 도시보다 더 나은 무언가를 상상할 수 없었다. 열흘 뒤 여행을 마치고 인천공항에서 집으로 오는 길에 나는 오히려 기분이 좋아졌다. 판넬로 지은 조악한 건물들이 드문드문 나타나는 도시. 이곳에선 내가 할 일이 있을 것 같았다.

내가 사는 도시엔 벗겨내고 싶은 것들과 떼어내고 싶은 것들이 너무나 많다. 여러 선택지 중 굳이 오답을 골라 자랑스럽게 꺼내 놓는 바람에 볼 때마다 부끄럽게 만드는 것들이 너무나 많다. 이런 것들이 싫긴 하지만 굳이 이곳을 떠나 완벽한 곳에 살아야겠다고 생각해 보지는 않는다. 모두를 계몽해 좋은 곳으로 만들어야겠다는 생각도 해보지 않았다. 나에게 완벽하지 않은 것이 어디 한두 가지뿐이어야지.

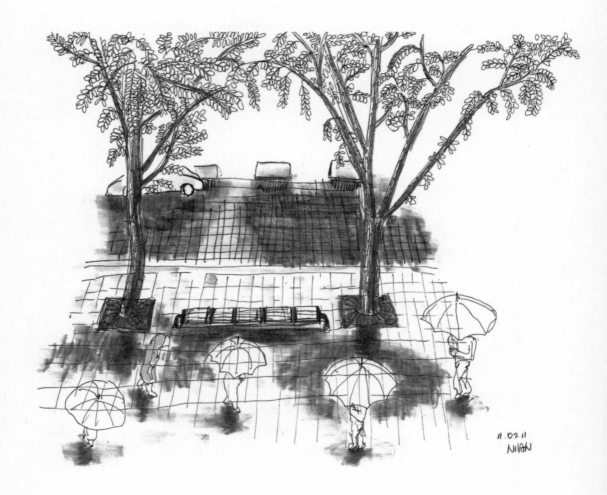

수많은 실패와 실수들. 그리고 절대로 침대맡을 떠나지 않는 이불 킥들…. 그것은 모두 이 도시를 배경으로 만들어진 것들이다. 실패의 낙인을 이마에 새긴 채로 걸어 다니던 재수생 시절, 그리고 삼수생 시절, 노량진 대성학원 옥상에선 63빌딩이 아주 크게 보였다. 나무 의자에 서서 본 63빌딩은 땅에서 보는 것보다 크고 밝고 아름다웠다. 사람들은 그곳에서 담배를 피우고 자판기 커피를 마셨다. 파릇파릇한 재수생 녀석들은 수다를 떨었고, 친구를 사귀기 어려운 장수생 어르신들은 시디플레이어를 들고 이어폰을 꽂고 가만히 63빌딩을 바라보았다.

학원이 끝난 후에는 종종 서강대학교에 들러 가만히 앉아 있다 돌아오곤 했었다. 서강대학교는 내 집에서도 학원에서도 가깝지 않았지만 나는 굳이 그곳에 들러 한참을 있다가 버스를 타고 돌아오곤 했었다. 캠퍼스를 따라 걸어 올라가다 보면 호빵처럼 동그란 가로등에서 퍼져 나오는 은은한 녹색이 좋았다. 조명 아래 벤치에 앉아 쉬다 보면 학생들이 번갈아 나와 수다를 떨었는데, 그곳에 가만히 앉아서 대화를 몰래 듣는 것도 좋았다.

"수업은 재수강이 있지만 월드컵은 재경기가 없어~"

담배에 쩔은, 당시엔 아저씨로만 보이던 학생이 능글스러운 표정으로 말했다. 재수강이 뭔지는 몰랐지만 자기들끼리 쓰는 단어가 괜히 더 재밌게 들렸다.

내가 사는 도시는 수많은 실수와 그것들을 덮기 위한 더 많은 실수로 이루어져 있다. 그런데도 반복하는 실수들. 미터를 밀리미터로 변환해 사용하기 시작하면서 그런 것들은 눈에 더 잘 보이게 되었다. 얼마 전 우연히 들른 서강대학교의 가로등은 모두 엘이디로 바뀌어 있었다. 건축을 하지 않았다면 호빵 같은 가로등이 엘이디로 바뀐 것쯤은 몰랐을지도 모른다. 완벽하지 못한 나의 도시가 안타까운 마음이 드는 건 도시의 부족함이 나의 부족함과 별개의 것으로 여겨지지 않기 때문이다.

관심받지 못하는 사람으로 있기. 어리숙한 주제에 능수능란한 척하기. 남들보다 뒤처진다는 걸 알고 있기. 실패를 경험하고 괜찮은 척하기. 잘못을 덮고 모르는 척하기. 그럴 때 느껴지는 쪼다 같은 기운. 그것들은 단연코 최고로 훌륭했던 나를 마주하는 일보다 훨씬 많았다. 생애 한두 번 내가 아는 이들이 나를 주목했던 경험을 제외하고는 늘 부정적인 상황이 나와 함께 있어 왔다. 나라는 사람은 성공의 결과라기보다는 실패의 총합에 가깝다. 모든 부족함을 노력으로 이겨내고 완벽한 사람이 되리라 다짐한 적도 많았지만, 노력은 언제나 나를 배반하는 쪽의 맨 앞에 서 있었다. 이것은 단연코 실패한 인생이다. 바로 어제만 해도 실패한 농담을 후회하며 이가 닳도록 격렬하게 칫솔질을 하지 않았던가.

우리 도시가 부끄러웠던 사람들은 완벽함에 집착했다. 초가지붕을 양철지붕으로 교체하고 한강 변을 콘크리트로 덮어 반듯한 길로 만들어 버렸다. 사람들의 치마 길이를 단속하고 서울 말씨를 쓰도록 장려했다. 요즘 사람들은 무엇이 부끄러운지 자신의 삶을 단속한다. 완벽한 얼굴, 완벽한 몸매, 완벽한 미소를 가진 사람들이 가까운 곳에서 산다. 아름다운 장소, 좋은 사람들, 조심스러운 댓글까지 그들의 삶에선 모든 것이 완벽하다. 매일 아침 나는 아침밥을 먹는 대신 그들의 삶을 게걸스럽게 훔쳐본다. 그들의 삶을 모두 섭취하고 난 후엔 이루 말할 수 없는 포만감이 밀려와 움직일 수 없게 된다. 더 이상 무엇도 갈구하고 욕망하지 않는 상태가 되어버린다.

자꾸만 물에 쓸려 갔다 다시 돌아오는 잎사귀처럼 바보 같은 짓을 반복하는 사람을 지켜보고 싶다. 부족한 것들에 마음을 사로잡히고 싶다. 조금은 부족한 것들이 완벽한 척 전전긍긍하는 모습. 잘해 보려 애써봤는데 잘되지 않았던 것들, 그런 것들을 보면 마음이 짠해지고 사랑스러운 표정을 짓게 된다. 실패가 곧 교훈이 되리라는 보장은 없다. 모든 노력이 보상받으리라는 보장은 없다. 노력은 말 그대로 의미 없는 노력이 될 수도 있다. 곧 나아지리라는 보장은 없다. 모든 부족한 것들은 그대로 부족한 채로 남아 있을 것이다. 부족한 곳에서 아름다움이 깨어날 것이다.

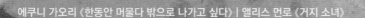

Inside, Outside

표현할 수 없는 마음

누가 자신의 마음을 제대로 표현할 수 있을까. 외면의 세계와 내면의 세계는 같은 것일까, 다른 것일까. 가끔은 솔직한 것은 외면이고, 거짓된 것은 내면인지도 모른다는 생각을 한다. 아니, 인간은 어쩌면 어떤 것도 솔직하게 털어놓을 수 없으며, 중요한 것은 오직 솔직하고자 하는 마음뿐이라는 생각이 들 때도 있다.

글 한수희 일러스트 서수연

오래전에는 에쿠니 가오리를 좋아하지 않았다. 모두가 에쿠니 가오리를 읽고 있으니 나는 읽고 싶지 않았다. 자존심을 지키고 싶었다. 알량한 자존심을.

엄청난 베스트셀러였던 《냉정과 열정 사이》는 읽는 내내 이 여자 뭐야, 라는 생각만 들었다. 기억에 남는 건 끝도 없이 길고 잦은 목욕 장면, 그리고 도미 요리인지 뭔지 하는 담백한 생선 요리를 먹는 장면뿐이었다. 우리가 그 소설을 읽을 즈음 내 친구들은 구질구질한 대학생 신세에서 탈출해 제 힘으로 돈을 벌기 시작했고, 아마도 그 애들은 그렇게 살기를 원했던 것 같다. 길게 목욕을 하고, 담백한 생선 요리를 먹고, 누군가를 그리워하고, 누군가의 그리움의 대상이 되는 것. 그런 여자가 되는 것. 하지만 나는 그런 여자가 될 수가 없었다.

나는 길게 목욕을 할 수도 없었고(집에 욕조가 없었다), 담백한 생선 요리가 뭔지도 몰랐고(생선조림 비슷한 것일까), 누군가를 그리워하지 않았으며, 누군가의 그리움의 대상이 되고 있는 것 같지도 않았다. 에쿠니 가오리의 소설 속에 나오는 여자는 고급 목욕탕에 가서 아무렇지도 않게 세신사에게 제 몸을 맡기는 여자처럼 보였고, 팔이 빠져라 내 몸을 내가 미는 나는(등도 내가 밀었다) 누가 자기 몸을 밀어주는 동안 엎드린 채 눈을 감은 여자들의 얼굴을 보며 아무도 모르게 생각했다. 게으르고, 뻔뻔해. 그것은 일종의 질투심이었을 것이다. 세상만사가 쉬운 사람들을 향한 질투심. 그런데 나에게 세상만사는 왜 그렇게 어려웠던 걸까.

다 늙어서 나는 에쿠니 가오리를 읽는다. 소설은 내게는 여전히 그냥 그런데, 산문은 아주 재미있다. 솔직히 말해서 에쿠니 가오리처럼 재미있는 산문을 쓰는 사람도 많지 않다. 내 자존심은, 그 알량하던 자존심은 어디로 가버린 건가.

《한동안 머물다 밖으로 나가고 싶다》는 얼마 전 딸과 함께 새로 이사 온 도시의 서점에 갔다 발견한 책이다. 제목도 역시 에쿠니 가오리였다. 뻔뻔했다. 몇 장 들춰보니 재미있어 보였

고, 서점을 나와 어느 건물 앞 벤치에 앉아 만나기로 한 남편과 아들을 기다리면서 책을 좀 읽었다.

여전히 매일 두 시간씩 목욕을 하고, 아침과 저녁에는 과일만 잔뜩 먹고, 어디에 갈 때는 책과 비눗방울을 가지고 다니고, 좋아하는 놀이는 끝말잇기입니다.

　– 에쿠니 가오리, 《한동안 머물다 밖으로 나가고 싶다》 중에서

아, 이 여자는 변한 게 하나도 없구나. 이 여자는 책 속에 자신이 좋아하는 것들을, 그리워하는 것들을, 슬퍼하는 것들을 잔뜩 적는다. 그것은 오늘 저녁의 메뉴를 적은 메모지 같기도 하고, 여행지의 카페에 앉아 끄적이는 몽상 가득한 일기장 같기도 하다.

몇 개의 이야기를 읽고 나서 책을 내려놓고 주변을 바라보았다. 좀 전과 똑같은 거리였다. 초라한 건물들이 늘어서 있고, 한 노인이 계절에 맞지 않는 옷을 입고 벤치에 앉아 빵과 우유를 먹고 있고, 바닥에는 쓰레기가 굴러다니고, 아름다운 것들이라고는 조금도 눈에 띄지 않는 어수선한 역 근처 거리였다. 그런데 이상하게 행복한 기분이 들었다. 세계가 천천히, 그리고 기분 좋게 5센티미터 정도 들어 올려졌다가 폭신하게 내려앉는, 그런 기분이었다.

나는 '내키는 대로'라는 말이 무섭다. 내키는 대로 산다, 하고 말하면 자유롭고 쾌적하게 사는 듯 들리지만, '기'가 하라는 대로, 하는 대로 산다는 말이니, 적어도 내 경우, 그렇게 되면 대 참사다. 나의 '기'는 길을 자주 잃는다. 폭군인데 길을 자주 잃다니, 따라가는 사람 생각도 해 줬으면 좋겠다. (중략) 나는 내가 날마다 느끼고 생각하는 것마저 전부 '내 기분 탓'은 아닐까 싶어 걱정스럽다.

　– 《한동안 머물다 밖으로 나가고 싶다》 중에서

책에는 에쿠니 가오리의 단골 인도 음식점 사장에 대한 이야기가 있다. 나는 이 이야기를 읽을 때마다 흐뭇한 마음이 든다. 세상의 좋은 것들을 잔뜩 모아놓은 보물 상자를 연 듯하다. 그 보물 상자의 겉은 오래된 구두 상자나 찌그러진 과자 통처럼 초라하기 때문에, 아무나 쉽게 발견할 수 없다. 그러나 그 안에는 내가 좋아하는 것들이 잔뜩 들어 있다.

아주 조그만 가게이고, 인도인 아저씨가 혼자서 꾸려간다. 그런데 이 아저씨가 또 뭐라 말할 수 없이 좋다. 몸짓과 말투가 부드럽고, 미소에는 늘 수줍음이 배어 있다. 조심스럽고 기품 있고, 장사하는 사람 같은 느낌이 전혀 없다. 괜찮을까? 싶을 정도로 차분하고 느긋하다. 고귀하달까, 여유롭다고 할까, 아무튼 결정적으로 어딘가 모르게 우아하다.

— 《한동안 머물다 밖으로 나가고 싶다》 중에서

작가는 그 가게의 화장실에서 손으로 쓴 안내문을 발견한다. 거기에는 이런 글이 쓰여 있다. "비치된 화장지 이외의 것은 변기에 넣지 마세요. 또 실수로 떨어뜨렸을 경우에는 사양치 말고, 당황치 말고 물을 내리기 전에 가게 사람에게 말씀해 주세요."

나는 잠시 넋을 잃고 바라보았다. '사양치 말고, 당황치 말고.' 배려에 찬 말이다. 주의하라고 써놓은 말인데, 오히려 이쪽이 감사하고 싶은 기분이 든다. 그리고 생각했다. 요리에는 역시 요리를 하는 사람의 인품과 성품이 배어 있다고. 주방에서 일하는 아저씨의 진솔하고 정성스러운 모습과 화장실에 붙어 있는 종이의 아름다운 언어, 풍성함과 기품은 절대적으로 이어져 있다.

— 《한동안 머물다 밖으로 나가고 싶다》 중에서

이 사람의 책을 읽고 나면 세계는 조금 나른해지고 풍요로워진다. 조금 낯설어지고 그래서 무서워지고 그럼에도 아름다워진다. 마치 거대한 수족관의 푸른 빛 속에서 헤엄치는 만타 가오리며 철갑상어 같은 것들을 보고 있는 것 같다. 꿈 같기도 하고 추억 같기도 한 그런 것들에 잠기는 기분이다. 본질적인 것은 아무것도 달라지지 않지만, 표면이 달라져 버렸기 때문에 본질적인 것들마저 달라져 버리는 기분이다. 아니, 본질이야 아무렴 어때, 하는 무책임한 기분이 들어버린다. 그래서 위험하다.

로즈의 성정은 뾰족한 껍질에 싸인 파인애플처럼 자라났으나 그 변화는 느리고 은밀했다. 단단한 자존심과 회의주의가 서로 겹쳐지면서 로즈 자신에게조차 놀라운 무언가가 만들어지고 있었다.

— 앨리스 먼로, 《거지 소녀》 중에서

어떤 사람은 나와는 아무런 관계도 없고 심지어 국적도 다르고 사는 곳도 다르고 태어난 해도 살아온 과정도 다른데도, 꼭 내 이야기 같은 이야기를 쓰고 있다고 느낄 때가 있다. 앨리스 먼로가 쓴 소설을 읽을 때, 날카로운 씨앗을 속에 감춘 촌스러운 소녀들의 이야기를 읽을 때, 나는 그런 감정을 느낀다.
단편집이자 연작소설인 《거지 소녀》는 가난한 시골 동네의 상점집 딸로 태어난 로즈의 이야기다. 로즈는 어린 시절부터 살아남는 법을 배워야 했다. 새어머니와의 기싸움에서, 아버지의 매질에서, 거친 학교의 폭력에서, 이 지긋지긋한 동네를 벗어난 세상은 꿈도 꾸지 말라는 사람들의 냉소 어린 압박에서. 폐쇄적이고 체념적인 시골 동네라는 환경은 소녀의 성장에 크나큰 영향을 끼친다. 똑똑했기 때문에 동네를 떠나 대학에 입학할 수 있었던 로즈는 이제 이 새로운 세상에서 살아남아야 한다. 그리고 놀랍게도, 한 남자가 로즈를 사랑한다.

로즈는 언제나 이런 일이 일어날 거라고 생각했다. 누군가가 자신을 보고 완전히, 속수무책으로 사랑에 빠질 거라고. 그러면서도 동시에 그런 사람은 없을 거라고, 아무도 자신을 원하지 않을 거라고 생각했다. 그때까지는 실제로도 그런 사람이 없었다. 누군가가 어떤 사람을 원하게 되는 것은 그 사람이 무엇을 해서가 아니라 그 사람 안에 무엇이 있어서인데, 자기 안에 그것이 있는지 아닌지를 어떻게 알 것인가?

— 《거지 소녀》 중에서

로즈의 애인 패트릭은 어마어마한 부잣집 도련님이다. 그리고 로즈가 그에게 한 일은, 그를 괴롭히는 것이었다. 로즈는 뻣뻣한 모범생인 그를 도발하고 그의 감정을 마구 할퀴어댄다. 그가 화를 내고 절망하고 로즈에게 덤벼들면 그제야 로즈는 안심한다.

슬프게도 나는 로즈를 이해했다. 자신의 콤플렉스로 상대를 괴롭히는, 상대의 추한 본성을 끌어낸 후에야 안도하는 로즈를 이해했다. 사랑하는 남자가 행복하기보다는 절망할 때 그를 향한 사랑이 더 커지는 로즈의 마음을 이해했다. 로즈가 한 짓은 내가 20대의 첫사랑에게 한 짓과 똑같았기 때문이다.

로즈는 말하고 움직이는 매 순간 그를 위해 자신을 무너뜨렸지만 그는 그녀를 뚫고 지나가 다른 곳을 바라보았고, 그녀가 아무리 주의를 돌리려 해봐도 아랑곳하지 않으면서 그녀 자신도 보지 못하는 순종적인 이미지를 사랑했다. (중략) 그녀는 그에 대해 그토록 회의를 품었지만 그가 자신을 사랑하지 않게 되는 것은 결코 바라지 않았다.

— 《거지 소녀》 중에서

앨리스 먼로의 세계에서는 모두가 비슷한 식으로 비뚤어져 있다. 그리고 소설 속 주인공들과 그들을 바라보는 작가의 시선은 잔인할 정도로 냉혹하다. 앨리스 먼로는 언제나 우리 마음속 깊은 곳의 어두운 장소에 불빛을 비춘다. 입만 열면 두꺼비를 뱉던 이야기 속 소녀처럼 우리의 마음속 깊은 곳, 어둡고 축축한 장소에는 두꺼비들이 살고 있을지도 모른다. 흉측한 얼굴로 흉측한 소리를 내는 두꺼비들이.

그렇다고 해도 그것이 전부는 아니다. 정말이지, 그것만이 전부는 아니다.

로즈는 이에 대해 누구에게도 이야기하지 않았으며, 자신이 이야기하지 않음으로써 고이 간직하는 것이 단 하나라도 있어서 기뻤다. 물론 이야기 소재가 부족하다는 점이 고결한 억제만큼이나 큰 침묵의 요인이라는 것을 모르지는 않았다. 그녀는 랠프 길레스피와 자신에 대해 무엇을 이야기할 수 있을

까? 그의 삶을 가까이에서, 여태 사랑했던 남자들보다도 더 가까이에서 느꼈다는 것, 자신의 자리 바로 옆 칸에 존재한다고 느꼈다는 것 말고는.

— 《거지 소녀》 중에서

로즈는 자신의 생애에서 일어난 모든 일들에 대해서, 이 모든 복합적인 감정에 대해서 제대로 말할 수 없을 것이다. 쉽게 말해지는 것은 진실이 아닐지 모른다. 로즈는 그것들을 덮어두기로 한다. 자기 안의 소중한 것으로 남겨두기로 한다.

앨리스 먼로의 이야기는 진짜 여자들의 진짜 이야기 같다. 자신에게 주어진 틀을 벗어나고자 발버둥치는 여자들의 이야기. 그러나 종종 그 틀의 유혹에 굴복하는 여자들의 이야기. 하지만 앨리스 먼로의 대단한 점은 틀 자체에 머무는 것이 아니라, 결국 삶이라는 거대하고 불가사의한 것을 향해 달려간다는 점이다.

그녀가 아무에게도 말하지 않았던, 털어놓지 않았던 얘기는, 때로 그것이 동정이나 탐욕이나 비겁함이나 허영이 아니라 완전히 다른 어떤 것이었다는 생각이 든다는 점이었다. 행복에 대한 환상 같은 것.

— 《거지 소녀》 중에서

나는 로즈가 외면하려 했던 행복에 대한 환상을 에쿠니 가오리의 책에서 발견하곤 한다. 그래서 에쿠니 가오리의 책을 읽을 때마다 멋쩍은 기분이 든다. 에쿠니 가오리가 뭘 잘못해서가 아니라, 행복에 대한 환상에 젖은 나 자신을 꼴사납게 느끼기 때문에. 그것은 내 안의 두꺼비들의 감정이다.

가끔씩 나는 에쿠니 가오리의 생크림 같은 세계를 둥둥 떠다닌다. 세신사에게 등을 맡긴 채 엎드려 눈을 감은 여자처럼 무책임해진다. 그러나 생크림은 곧 녹아버린다. 나는 그것을 슬픈 마음으로 바라본다. 얼마 후 앨리스 먼로의 세계가 시작된다. 폭력적이고 잔인하고 냉혹한 세계가. 어둡고 축축하고 끈적끈적한 진흙과 두꺼비들의 세계가. 그 세계에서 나는 살아남아 어른이 되었고, 비록 피치 못한 상흔을 입었겠지만, 누군가에게 상흔을 입혔겠지만, 그럼에도 그 안에는 차마 말로 다 표현할 수 없는 어떤 것들이 있었다. 빛나고 슬픈, 어쩌면 아름답기까지 한 것들이 있었다. 그것들에 대해 이야기해야 할까, 말까, 하고 나는 생각한다. 이야기할 수 있을까, 없을까, 하고 나는 생각한다.

185

《한동안 머물다 밖으로 나가고 싶다》 에쿠니 가오리 | 소담출판사
《거지 소녀》 앨리스 먼로 | 문학동네

Cats Live
On His Island

고양이를 사랑한 제주 아티스트

작가 고동우는 사람과 다른 존재와의 관계에 민감하다. 민감성은 아스퍼거 증후군의 영향이지만, 그의 예술 감각을 특별하게 하는 원동력이 되는 것도 확실하다. 원색으로 과감하게 표현한 숲과 고양이에는 순수한 호기심과 장난기가 가득 묻었다. 스물아홉 청년 작가는 불완전하고 아름다운 우리의 어린 시절을 되돌아보게 한다.

글 윤현경 사진 이성근 에디터 하나

고양이 작가라고 불리는 남자

고동우 작가의 작품에는 유쾌한 고양이들이 등장한다. 제주에서 나고 자란 그는 '노마', '루이', '첫눈'이라는 이름의 고양이들과 함께 살고 있다. 따뜻한 햇살에 기지개를 켜는 고양이처럼 편안한 표정, 순수한 호기심으로 반짝반짝하는 눈빛. 아스퍼거 증후군을 가진 작가는 세상과 사람보다 고양이를 닮아가는 중이다.

예술가가 애정을 쏟는 대상을 작품에 담아내는 것은 자연스러운 일이 아닐까. 고동우 작가에게 고양이는 매력적인 피사체 이상의 존재다. 고양이를 향한 작가의 사랑은 점점 커져 간다. 반려묘에서 길냥이와 숲속 고양이로, 더 나아가 생명에까지 관심을 넓힌 그는 작년 겨울 유기동물을 후원하는 전시 〈누구냐옹〉을 열었다.

"숲과 동물, 자연이 하는 소리를 통역해 주는 사람이 아닐까 해요."

– 김미애 사단법인 '누구나' 사무처장

"코로나19로 힘든 이 시기에 제주에서 나고 자란 작가의 순수하고 위트 넘치는 작품이 위로와 희망이 되길 기대해요."

– 오한숙희 사단법인 '누구나' 이사장

숲과 생명을 그리는 전시

고동우 작가에게 고양이와 예술은 공기처럼 당연하며 자연스러운 일상이다. 기복 없이 꾸준하고 성실하게 작품을 대하는 것은 고 작가의 장점 가운데 하나다. 그림과 옹기 작업에 몰두한 지 7년, 고동우 작가는 지금까지 여러 차례의 개인전과 단체전을 열었다. 지난여름에는 서울 안국동 한 갤러리에서 열린 전시 〈귀를 기울이면Whisper Of The Forest〉에 참여했다. 전시에서 제주 비자림로의 속삭임과 숲에 사는 작은 생명과 고양이 들의 숨소리를 담은 그림 34점과 옹기 40점을 선보였다. 또, 지난 9월 24일부터 10월까지 아메바컬쳐의 15주년 기념전에 신진 작가로 선정되어 VR 온라인 전시에도 참여했다. 수익금 전액은 청각장애인에게 인공 달팽이관 및 보청기를 지원하는 사회복지단체 '사랑의 달팽이'에 기부되었다.

그의 본격적인 전시 활동은 사단법인 '누구나'와 함께 시작됐다. '누구나'는 발달장애인, 결혼이주여성, 노인, 학교 밖 청소년 등 사회적 소통 약자의 창작 활동을 지원하기 위해 설립됐다. 고동우 작가는 재단의 첫 번째 전속 작가다. 제대로 된 전시회를 만들기 위해, '누구나'는 사회적 소통 약자의 창작 활동을 후원해 온 한국필립모리스와 함께 문화 지원 사업을 지속적으로 펼치고 있다. 고동우 작가의 전시 후원 역시 문화 지원 사업의 일환이다.

'누구나'는 제대로 된 전시회를 열기 위해 한국필립모리스와 손을 잡았다. 그동안 문화지원 사업을 꾸준히 펼쳐온 한국필립모리스(대표이사 백영재)는 "'담배 연기 없는 미래'라는 비전을 통해, 사회 전반에 걸쳐 모두에게 이익을 제공하고자 노력하고 있다."라는 후원 취지를 밝혔다.

Greet!

조금 긴 추신을 써야겠습니다

한수희 | 어라운드

어라운드 매거진에 8년간 연재한 책과 영화의 기록. 한수희 작가는 삶이 버거운 순간에 습관처럼 영화와 책을 살피며 어딘가 조금씩 부족한 사람들의 인생을 꾸준히 수집해 왔다. 때때로 어떤 이들은 진짜로 하고 싶은 이야기를 추신에 담고는 한다. 마침표를 찍었음에도 덧붙이고 싶은 이야기들, 영화와 책 뒤에 숨겨진 저자의 진솔한 추신을 여기에 전한다.

산책과 연애

유진목 | 시간의흐름

"평소 산책이라는 것을 하지 않는 사람이 '산책과 연애'라는 주제로 책을 쓰기로 한 것은 연애를 하는 동안에 유독 혼자서 산책했던 시간들이 떠올랐기 때문이다. 나는 연애를 할 때마다 그들을 죽이지 않으려고 필사적으로 걸었다." 유진목, 그리고 산책과 연애. 이 세 단어만으로 두근거리는 책이다. 다가오는 겨울엔 그의 묵묵한 문장과 함께하는 것은 어떨까.

달리기를 말할 때 내가 하고 싶은 이야기

무라카미 하루키 | 문학사상

어쩌면 달리기는 인생이 아닐까, 하고 생각하게 만드는 책. 하루키가 말하는 달리기 이야기는 꾸밈이 없고 솔직하여 마음속 깊은 곳을 자꾸만 파고든다. 고통스러운 달리기가 끝났을 때 얻는 가치는 성취나 성공에 대한 뿌듯함이 아니라, 그저 이제 더는 달리지 않아도 괜찮다는 사실에 대한 안도감이라는 것. 삶에 어려운 순간이 찾아왔을 때 늘 되새기는 문장이다.

내 마음의 균형을 찾아가는 연습

레이첼 켈리 | 빌리버튼

저자는 오랜 시간 우울증을 심하게 앓았다. 긴 터널과 같은 고통을 이겨내기 위해 자신의 마음을 담은 일기와 편지를 쓰며 극복해 왔다. 이 책은 사람을 둘러싼 관계, 일, 가족 등 삶에서 흔히 마주하게 되는 다양한 심리적 곤란을 딛고 일어날 52가지의 방법을 소개한다. 이 방법들은 결코 어렵지 않다. 절대 지나지 않을 것 같은 시련의 시간도 어쩌면 한순간 벗어날 수 있을지 모른다.

마음챙김의 시

류시화 | 수오서재

"날개를 주웠다, 내 날개였다." 시를 읽는 것은 자기 자신으로 돌아오는 것이고, 세상을 경이롭게 여기는 것이며, 여러 색의 감정을 경험하는 것이다. 살아온 날들이 살아갈 날들에게 묻는다. 마음챙김의 삶을 살고 있는지, 혹 마음놓침의 시간을 보내고 있지는 않은지. 사회적 거리두기와 삶에 대한 성찰이 어느 때보다 필요한 지금, 소중한 이에게 손 대신 시를 건네는 것은 어떨까.

하우투 워라밸

안성민 | 미래의창

워라밸은 어떻게 지켜야 할까? 일과 삶의 균형을 뜻하는 워크 라이프 밸런스의 줄임말, '워라밸'. 이 책은 누구나 원하지만 아직은 서툰 이들을 위한 워라밸 입문서다. 단순히 칼퇴근 비법을 알려주는 것을 넘어 스스로를 살펴보고 깊이 고찰해볼 기회를 마련한다. 워라밸이란 결국 나를 위한 것. 내가 바라는 삶을 위해서 가장 먼저 움직여야 할 건, 나 자신이다.

Greet!

〈파이트 클럽〉(1999)
데이빗 핀처 | 드라마

인생이 공허한 잭. 이케아 가구로 온 집안을 채우고 각종 심리치료 모임에도 참여하지만 잭의 일상은 언제나 지루하기만 하다. 그런 그의 반복된 일상에 갑자기 끼어든 사람, 테일러. 잭은 자신과 완전한 반대의 인격을 가진 그와 함께 '파이트 클럽'을 운영하게 된다. 지독하게 외롭고 텅 빈 마음을 폭력으로 가려낸 오늘, 테일러는 누구이고 잭은 누구일까.

〈블랙스완〉(2010)
대런 아로노프스키 | 드라마

맑은 백조와 어두운 흑조를 모두 해내고 싶은 프리마돈나 니나. 강한 욕망에 이끌려 평소의 자신과는 전혀 다른 행동을 일삼게 된다. 낯선 자신의 모습이 스스로도 두렵지만 멈출 수는 없다. 반드시 해내야만 하니까. 영화가 흘러갈수록 니나의 인생은 〈백조의 호수〉공연과 구분할 수 없게 된다. 자신 너머의 무언가에 계속 갈증을 느끼는 그녀에게 어떤 결말이 주어질까.

〈나인 라이브즈〉(2005)
로드리고 가르시아 | 드라마

아홉 명의 여자들의 이야기. 각 주인공의 이름을 딴 아홉 개의 에피소드는 하나의 시퀀스이자 하나의 컷으로 이루어진다. 10분이라는 리얼타임이 담고 있는 인생의 여러 장면들은 불안하지만 끈기 있고 동적인 그녀들의 삶을 보여준다. 가장 추천하고 싶은 에피소드는 '매기'의 이야기다. 한낮의 묘지에서 딸과 나누는 대화가 오랫동안 마음을 맴돈다.

〈인턴〉(2015)
낸시 마이어스 | 드라마

창업 1년 만에 직원 220명의 성공신화를 이룬 줄스. 한 기업의 대표이자 동시에 엄마, 아내로 살아가기란 너무도 벅찬 일이다. 바쁜 나날을 보내는 와중에 줄스의 회사에 70세 인턴 벤이 입사했다. 수십 년 직장 생활에서 비롯된 그의 노련한 업무 능력. 나이만큼 풍부한 인생 경험은 줄스에게 또 다른 인생의 가치를 전해준다.

〈미쓰 홍당무〉(2008)
이경미 | 코미디

얼굴이 빨개지는 안면홍조증에 걸린 미숙은 비호감에 툭하면 삽질을 일삼는 고등학교 러시아어 교사다. 같은 학교에서 선생을 짝사랑하던 미숙. 그런 그녀의 앞에 단지 예쁘다는 이유로 환영받는 이유리 선생이 나타났다. 전공 아닌 과목 가르치기, 아프지도 않은 몸 챙기기, 내 것도 아닌 남자 사랑하기까지. 무의미한 일들로 인생을 채워온 그녀에게 어떤 변화가 일어날까.

〈보이후드〉(2014)
리처드 링클레이터 | 드라마

〈보이후드〉는 약 12년에 걸쳐 완성된 영화다. 영화 속 배우들의 성장기까지 엿보이는 영화. 그동안 지켜온 수많은 약속들이 만들어낸 영화는 그 가치를 충분히 담아내고 있다. 소년은 어떻게 어른이 되어간 것일까. 12년 전의 장면은 점점 가까이 흘러와 결국 오늘에 다다른다.

거울아 거울아

《백설 공주》에 나오는 마녀는 매일 거울을 보고 중얼거린다.
"거울아, 거울아, 세상에서 누가 제일 예쁘니?"
당신이 거울 앞에서 가장 많이 하는 생각이 궁금하다.

수염이 많이 자랐나? | 발행인 송원준

아침과 저녁이 확연히 다를 정도로 수염이 빨리 자란다. 그래서 거울을 보면 달라진 수염 길이를 자꾸 확인하게 된다.

아직 젊어 | 편집장 김이경

엄마가 주름이 잘 안 생기는 편이라 나도 안심하면서 관리랄 것도 없이 40년을 향해가고 있다. 운동 운동! 매일 외치기만 하네. 아직은 거울로 보는 내 겉모습은 봐줄 만하지만 속을 들여다보질 못해서 주름이 안으로 깊게 파였다. 그래도 아직은 젊어(믿고 싶다).

머리 깎을까? | 에디터 이주연

어릴 때부터 머리가 잘 자라지 않았다. 하도 자라지 않아 엄마가 대머리로 밀어버린 적도 있다. 어린 시절 사진엔 늘 예쁜 모자가 함께인데 '그거라도' 씌우지 않으면 딸인 줄 몰라서 씌웠단다. 이 속도로 장발 되려면 족히 5년은 길러야 할 것 같은데, 나 어쩔까? 헤헤.

아무런 생각도 | 에디터 김지수

얼마 전까지만 해도 내 얼굴에 마음에 안 드는 부분이 많았다. 이것저것 모두 다 싫어서 싹 뜯어고치고 싶었지만! 요즘은 이상하게도 아무런 생각이 들지 않는다. 이런 상태가 꽤 마음에 든다. 분명한 것은 나의 마음에 변화가 생겼다는 것인데 도대체 어떤 변화일까, 곰곰이 생각해본다.

나의 맨얼굴을 사랑해 | 디자이너 양예슬

화장을 곧잘 하지도 않지만, 꾸며내지 않은 나의 맨얼굴이 나는 좋다. 콕콕 박혀 있는 나의 주근깨도, 짙고 검은 나의 눈썹도 사랑해.

나는 진짜일까 | 디자이너 홍지윤

평소 거울을 잘 들여다보지 않는 편이다. 화장실에서 나올 때나 가끔 얼굴을 살펴보는 정도인데 그때마다 드는 생각은 '오늘 머리 좀 괜찮네(아무도 믿지 않을지 몰라도 매일 오전 머리를 손질한다.)'라든가 '거울 속의 내가 진짜 내가 아니고 곤약인간이라든지… 가짜가 아닐까?' 하는 터무니 없는 생각이다. 그러고는 내가 지을 수 있는 가장 역동적이고 우스꽝스러운 표정을 지어보이는 것으로 거울 보기를 마무리한다. 마치 내가 진짜라는 걸 증명하기 위한 것처럼.

누구야 너는? | 에디터 김현지

고백하자면 20대까지 나는 외면과 내면을 스스로 채우기보다 남이 세운 기준에 적절히 들어맞는 삶을 살아왔다. 가짜 세상은 머지않아 모래성처럼 무너졌고 방치된 진짜 나를 마주 봐야 했다. 그때 거울을 보며 이런 말들을 하곤 했다. '너는 이럴 때 행복하구나. 네 잘못이 아니야. 그건 참기 힘든 일이었어.' 좋아하는 건 즐겁게 하고 힘든 일은 애쓰지 않으며 내 속도를 유지하는 중이다. 그런데 얼마 전부터 아이가 내 얼굴을 빤히 본다. 내 얼굴에 오돌토돌한 게 많다는 거다. 음… 이제 외면을 좀 돌봐야겠네?

머리 예쁘다! | 에디터 이다은

5년 만에 파마를 했다. 아주 마음에 들어서 거울 볼 때마다 고개를 이리저리 돌려 새 생명을 얻은 머리카락을 감상한다. 자연스럽고 수수하면서도 좀 부스스하고 곧 풀릴 듯 말듯한 이 느낌! 태어나서 처음으로 네이버에 후기도 달았다! 와 기분 좋다!!!

으 | 에디터 하나

언제 한번 닦아야 하는데.

보조개가 생기면 좋겠다 | 에디터 김채은

웃는 얼굴이 예쁜 사람이 좋다. 보조개가 있으면 미소를 살짝 머금어도 활짝 웃는 것 같다. 어릴 때는 보조개를 만들기 위해 꼬리 빗으로 볼을 누르곤 했다. 신기한 마법처럼 어느 날 거울을 봤는데, 인디언 보조개가 움푹 파여 있으면 좋겠다.

AROUND CLUB
어라운드는 격월간지로 홀수 달에 발행됩니다.
정기구독을 신청하시면 매거진과 함께
한 명의 작가가 1년간 연재하는 에세이+포스터 시리즈 어라운드 페이지,
그리고 어라운드 온라인 콘텐츠 이용권이 제공됩니다.

1년 정기구독 총 6권
어라운드 매거진 + 어라운드 페이지 + 온라인 클럽 1년 이용권
90,000원

a-round.kr

Publisher
송원준 Song Wonjune

Editor in Chief
김이경 Kim Leekyeng

Senior Editor
이주연 Lee Zuyeon

Editor
김현지 Kim Hyunjee
이다은 Lee Daeun
김지수 Kim Zysoo

Advertorial Editor
하나 Hana

Art Director
김이경 Kim Leekyeng

Designer
양예슬 Yang Yeseul
홍지윤 Hong Jiyoon

Cover Image
Ian Howorth

Photographer
김연경 Kim Yeonkyung
유래혁 Yu Raehyuk
이요셉 Lee Joseph
이종하 Lee Jongha
해란 Hae Ran

Project Editor
김건태 Kim Kuntae
김나영 Kim Nayoung
배순탁 Bae Soontak
송종원 Song Jongwon
이기준 Lee Kijoon
전진우 Jun Jinwoo
정다운 Jung Daun
한수희 Han Suhui
한승재 Han Seungjae

Illustrator
서수연 Seo Sooyeon
임기환 Lim Kiihwan
휘리 Wheelee

AROUND PAGE
이랑 Lee Lang
히로카와 타케시 Hirokawa Takeshi

Copy Editor
기인선 Ki Inseon

Management Support
강상림 Kang Sanglim

Advertisement
김양호 Kim Yangho
김갑진 Kim Gabjin
하나 Hana

Publishing
(주)어라운드
도서등록번호 제 2014-000186호
출판등록일 2009년 12월 5일
ISSN 2287-4216
창간 2012년 8월 20일
발행일 2020년 10월 28일

AROUND Inc.
서울시 마포구 동교로51길 27
27, Donggyoro 51-gil, Mapo-gu, Seoul, Korea

광고 문의
around@a-round.kr
070 8650 6378

구독 문의
around@a-round.kr
070 8650 6375

어라운드는 나무를 아끼기 위해 고지율 20%인 재생종이 그린라이트를 사용합니다.

HOMEPAGE a-round.kr
INSTAGRAM instagram.com/aroundmagazine
FACEBOOK facebook.com/around.play
FILM vimeo.com/around